KB037009

차민진 글 | 이혜원 그림

맞춤법에 진심인 편

짜집기
짜깁기!

자꾸 틀리고 헷갈리는
필수 표현 100가지

풀빛

일러두기

본문의 주황색 글자는 맞춤법에 어긋나는 표현,
파란색 글자는 맞춤법에 맞는 표현입니다.
아무래도 설명을 하다 보면 맞는 표현과 틀린 표현이
헷갈릴 수 있어서 한눈에 확인할 수 있도록
색깔로 구별해 두었어요.

아, 그리고 각 표현의 끝부분에 자리하고 있는
꿀팁 박스와 **만화**는 **본문 내용의 집약체**랍니다.
이걸 눈여겨보면 머릿속에 배운 내용을
깔끔하게 집어넣을 수 있어요!

맞춤법에
진심인 편

이 책 사용법

혹시 '맞춤법 그런 거 요즘 누가 신경 써? 말만 통하면 되는 거 아님?' 이렇게 생각하고 있진 않나요? 흠…누군가의 생각에 찬물을 끼얹긴 싫지만, 오히려 요즘이라서 맞춤법이 더욱 중요해요. 우리는 지금 소통의 시대를 살고 있잖아요. 첨단 기술이 적용된 스마트폰이라는 손바닥만 한 기계 덕분에 언제 어디서나 다른 사람과 대화하고, 내 의견을 표출하고, 다양한 콘텐츠를 접할 수 있게 됐죠. 인류 역사상 '글자'로 가장 많이 소통하는 세대가 아닐까 싶습니다. 카카오톡이나 인스타그램 DM 같은 메신저, 커뮤니티 게시글과 댓글, 전부 다 글자잖아요. 그 어느 때보다 글로 소통이 많이 이뤄지기 때문에, 말을 글로 옮길 때의 규칙인 맞춤법이 중요한 것이죠.

말과 글은 의사소통을 위한 수단 그 자체이기도 하지만 '나'를 표현하는 방법이기도 합니다. 신체에 비유하자면 눈(eye)의 가장 중요한 기능은 '보는 것'이지만, 눈빛으로 내가 어떤 상태임을 다른 사람에게 전달할 수 있는 것처럼 말이죠. 이처럼 내가 사용하는 말과 글에서도 내가 어떤 삶을 살아왔는지, 무엇을 중요하게 생각하는 사람인지, 어떤 성격인지가 고스란히 드러나요.

맞춤법은 엄연한 사회적 약속이고 배려입니다. 각자 편한 대로 말하다가는 의사소통이 안 될 수가 있으니 나라에서 정해 둔 규칙이에요. 이걸 지키지 않는다면 어떻게 될까요? 효율적인 의사소통이 어렵다는 교과서적인 대답 말고, 진짜 현실적인 이야기를 할게요. **틀린 맞춤법은 나를 기본적인 규칙도 지키지 않는 사람으로 보이게 합니다**. 나는 규칙을 지키고 있는데, 상대방은 규칙 따위 신경 쓰지 않고 멋대로 행동한다면 기분이 어떻겠어요? 다른 일도 제대로 처리할 거라는 신뢰가 생기질 않죠. 교양 없는 사람이라는 생각이 들기도 하고요.

그래서 저는 여러분에게 맞춤법 지키기를 권합니다. 맞춤법은 여러분을 좀 더 '똑똑하게' 보이도록 하거든요. 실제로 여러분이 어느 수준의 교양과 지식을 가지고 있든 간에, 다른 사람에게 보이는 이미지를 한 단계 레벨업하는 가장 쉬운 방법이 맞춤법 지키기예요. 더 멋있고 프로페셔널한 모습으로 거듭나길 원하는 분들에게 맞춤법의 마법을 알려 주려고 이 책을 썼어요.

쓸데없는 것들은 제쳐 두고 일상에서 많이 쓰이는 것들로 딱 100개를 추렸는데요, 맞춤법이라는 게 국어 문법이어서 이론적인 내용이 빠질 순 없더라고요. 그래서 이론적인 내용도 함께 써두긴 했지만 그것을 완벽하게 공부하는 것에 집착할 필요는 없어요. 이 책을 통째로 외우는 독서법은 절대로 추천하지 않습니다. 실생활에서 바로바로 사용할 수 있는 게 중요하니까, 이론적인 내용은 가볍게 읽어 보고 제가 정리한 암기 방법과 맞춤법에 맞는 단어만 활용해도 좋습니다. 부록에 이 책에 등장하는 단어를 ㄱㄴㄷ순으로 정리해 두었으니 헷갈릴 때마다 사전처럼 찾아보아도 좋고요.

자, 이제 맞춤법으로 나 자신을 업그레이드하는 시간, 본격적으로 시작해 볼까요?

차례

이 책 사용법 4

일상편

❶ 매일 쓸 때마다 헷갈리는 말

001 안 (돼나요/되나요)? 13
002 왜 (않/안) 돼요? 16
003 친구 (소개시켜/소개해) 줘 18
004 내일 (뵈요/봬요), 누나 20
005 나 좀 (설레이는데/설레는데) 22
006 사실…우리 (사겨/사귀어) 24
007 남자친구 (바꼈어/바뀌었어)? 25
008 (몇 일/며칠)이나 됐는데? 26
009 한 (2틀/이틀) 됐나? 27
010 집에 (들렸다/들렀다) 갈게 29
011 이게 (뭐에요/뭐예요)? 31
012 사람이 (아니예요/아니에요) 34
013 엄마가 밥 (먹었네/먹었내) 36
014 신상 빵 (맛있데/맛있대)? 38
015 신상 빵 먹어 봤는데,
그거 참 (맛있데/맛있대) 39
016 말하는 (데로/대로) 41
017 이거 누구 (꺼/거)야? 44
018 그거 내 (거일껄/거일걸)? 45
019 제가 (할께요/할게요) 46
020 (먹던 말던/먹든 말든) 알아서 해 47
021 걘 어딜 (가든/가던)? 48
022 걔가 정말 바람을 (폈단/피웠단) 말이야? 50
023 문 좀 (잠궈/잠가) 52
024 나는 좀 (칠칠맞아/칠칠맞지 못해) 54
025 널 용서하지 않겠다!
(사랑에/사랑의) 힘으로! 55
026 내가 일찍 일어나다니, (왠일/웬일) 57
027 (웬지/왠지) 예감이 좋아 58
028 (왠만하면/웬만하면) 공부 좀 하지 60
029 그냥 이 상황을 (받아드려/받아들여) 61
030 (오랫만에/오랜만에) 먹는 마라탕 62
031 마라탕을 꽤 (오랜동안/오랫동안)
안 먹었어 63
032 그 대박 사건 이제 (암/앎) 64

❷ 엄마, 아빠, 선생님도 틀리는 말

033 이번 소개팅은 (파토/파투) 났어 66
034 그런 행동은 (삼가해/삼가) 줘 68
035 심각성을 (염두해 두고/염두에 두고)
행동해 70
036 이 자리를 (빌어/빌려)… 72
037 염치 (불구하고/불고하고) 부탁드려요 73
038 (금새/금세) 다 먹었네 75
039 (그세/그새)를 못 참고! 76
040 그거 완전 (짜집기/짜깁기) 증거구만? 77
041 올 여름 (남량/납량) 특집 78
042 난 네가 잘되길 (바래/바라) 80
043 진짜 (희안하게/희한하게) 생겼네 82
044 (겉잡을/걷잡을) 수 없는 사태 84
045 천호역에 (쭈꾸미/주꾸미)가
아주 맛있는 곳이 있어 86

❸ 내 수준을 올려 줄 바로 그 단어
046 새로운 인재(로써/로서) 성장할… 88
047 눈물(로서/로써) 호소합니다 90
048 (뒤쳐지지/뒤처지지) 않으려고 노력했습니다 92
049 이 회사에 (알맞는/알맞은) 사람입니다 94
050 꿈을 (쫓아/좇아) 달려가는 자 96
051 이 업계에서 (내노라하는/내로라하는) 회사 98
052 어떤 (역활/역할)이 주어지더라도 100

❹ 틀리면 갑자기 분위기 민망해지는 말
053 이 상황 정말 (어의없다/어이없다) 102
054 감기 빨리 (낳아/나아)ㅠㅠ 104
055 너 (명예회손/명예훼손)으로 고소 105
056 법적 (조취/조치)를 취하겠습니다 106
057 모든 계획이 (숲으로/수포로) 돌아갔어 108
058 일을 (벌리는/벌이는) 스타일 110
059 (권투/건투)를 빕니다! 111
060 (구지/굳이) 이렇게 해야겠어? 112

❺ 헷갈려서 매번 검색하는 말
061 (아구찜/아귀찜)은 콩나물이 제일 맛있다 114
062 (베게/베개) 커버, 얼마나 자주 빨아? 116
063 김치(찌게/찌개)에 돼지고기 누가 훔쳐 먹음? 118
064 (돌맹이/돌멩이)로 끓인 짱돌찌개 119
065 길치라서 좀 (헤멨어/헤메였어/헤맸어) 121

❻ 둘 다 맞는데 잘못 쓰는 말
066 매다와 메다 124
067 맞히다와 맞추다 127
068 다르다와 틀리다 130
069 가르치다와 가리키다 132
070 로서와 로써 134
071 어떻게와 어떡해 137
072 부수다와 부시다 140
073 이따가와 있다가 142
074 애들과 얘들 144
075 꼽다와 꽂다 146
076 웃옷과 윗옷 148
077 결제와 결재 151

심화편

❶ 배운 사람만 아는 외래어 표기법

들어가기 전에 157

078 (화이팅/파이팅)해야지 158

079 그래서, 핵심 (메세지/메시지)가 뭔데? 160

080 나이X랑 스투X의 (콜라보/컬래버) 162

081 이 (아이섀도우/아이섀도), 어디 거야? 164

082 오늘 피자는 (쉬림프/슈림프) 토핑으로 166

083 나를 향해 터지는 (플래쉬/플래시) 169

084 매력을 영어로 (쥬스/주스)라고 한대 170

085 너는 무슨 (케잌/케이크) 좋아해? 172

086 돈을 줍다니, 완전히 (럭키/러키) 데이! 175

❷ 이, 히, 이, 히의 세계

들어가기 전에 178

087 시간을 (헛되히/헛되이) 보내지 않게 181

088 한 그릇 (깨끗히/깨끗이) 뚝딱! 182

089 부족한 점은 (너그러히/너그러이) 용서하세요 183

090 (나날히/나날이) 발전하는 나예요 185

091 (곰곰히/곰곰이) 생각해서 (일일히/일일이) 말해 줘 186

092 걔는 (묵묵이/묵묵히) 잘 참더라 187

093 마음 (깊숙히/깊숙이) 박힌 대못 188

❸ 율, 률, 율, 률의 세계

094 이번 모고 성적, (백분률/백분율)은? 191

095 (실패률/실패율)은 신경 쓰지 마 194

096 이 정도 (합격율/합격률)이면 할 만한데? 195

❹ 한 끗 차이로 다른 띄어쓰기

097 한번과 한 번 198

098 한지와 한 지 201

099 안되다와 안 되다 203

100 함께하다와 함께 하다 206

[부록] 찾아보기 209

[부록] 국제 음성 기호와 한글 대조표 211

일상편

자주 쓰이는 만큼
자주 틀리는 맞춤법 표현을 뽑아 정리해 봤습니다.
다들 헷갈려서 대충 쓰는 맞춤법까지 제대로 지켜서 쓰는 나,
제법 멋져요!

1

매일 쓸 때마다
헷갈리는 말

001 | 안 (돼나요/되나요)?

지금 여러분의 메신저 창을 열어 보세요. '되'와 '돼', 이거 마음대로 쓰는 친구들이 꼭 한 명씩은 있을 걸요? 그런 친구가 없다면, 그게 본인일지도…? "그날 시간 안 되?", "안 돼면 어쩌지" 등등 '되'와 '돼'는 발음도 거의 같아서 항상 맞는 표현을 쓰기가 쉽지 않은데요. **둘이 같은 글자처럼 보이지만, 사실 '돼'는 '되어'의 줄임말이에요.** 이것만 한번 머릿속에 넣어 두면 평~생 '되'와 '돼'를 제대로 쓸 수 있어요. 아직 감이 안 온다고요? 흔한 동사인 '하다'와 '되다'를 비교해서 설명해 볼게요.

하다	되다
하고 싶다	되고 싶다
하자	되자
하니	되니
하였어 = 했어	되었어 = 됐어
그렇게 하여서 = 그렇게 해서	그렇게 되어서 = 그렇게 돼서

한마디로 '하-'에 대응하는 것은 '되-', '해'에 대응하는 것은 '돼'라고 정리할 수 있겠네요. 그러니까 우리가 누군가에게 뭐하는지 물을 때 "너 뭐 되?"라는 표현을 쓴다면, "너 뭐하?"라고 쓰는 것과 똑같다, 이 말입니다. 이 경우에는 "너 뭐해?"라고 하는 것처럼, "너 뭐 돼?"가 맞는 표현이겠죠? 이 법칙을 활용해서 빠르게 '되/돼'를 구별하는 방법도 있어요. **헷갈리는 자리에 '하/해'를 넣어 보는 거예요. '하'가 더 자연스럽다면 '되'를 쓰고, '해'를 넣었을 때 자연스럽다면 '돼'를 쓰면 됩니다.** 연습해 볼까요?

- 시간 안 (되/돼)? → 시간 안 (하/해)? → '해'가 더 자연스러워! '돼'가 맞군!
- 시간 안 (되나요/돼나요)? → 시간 안 (하나요/해나요)? → '하나요'가 더 자연스러워! '되나요'가 맞군!

이 방법은 받침이 있어도 그대~로 사용할 수 있어요.

- 시간 안 (됩니다/됍니다) → 시간 안 (합니다/햅니다) → '합니다'가 더 자연스러워! '됩니다'가 맞군!
- 시간 안 (됨/됌) → 시간 안 (함/햄) → '함'이 더 자연스러워! '됨'이 맞군!

👀 자, 따라 해 봅시다. I say '되', you say '하'! I say '돼', you say '해'!

안 되나요?

002 | 왜 (않/안) 돼요?

무엇인가를 부정할 때 쓰는 '안'과 '않'. 얘네도 001에서 다뤘던 '되/돼'처럼 서로 소리가 비슷해서 많이들 잘못 쓰곤 합니다. **그런데 잠깐, '않-'도 '아니하-'의 줄임말이라는 사실!** '않'이라는 글자의 받침을 보면 'ㅎ'에서 그 힌트를 얻을 수 있어요.

아니	→	안 (부사)
아니하	→	않- (보조 용언)

애초에 '안'과 '않'은 태생부터가 달라요. '안'은 '아니'를 줄인 부사이고, '않-'은 '아니하-'를 줄인 보조 용언이기 때문에 쓰일 수 있는 자리가 완전히 다른 것이죠. 그래서 구별해서 써야 하는 것인데…. 부사? 보조 용언? 이런 거 언제 따지고 있냐고. 현대 사회는 바쁘잖아요. 그래서 1초 만에 구별하는 법 알려드릴게요. **헷갈리는 자리에 '아니/아니하'를 넣어 보는 거예요. '아니'가 더 자연스럽다면 '안'을 쓰면 되고, '아니하'를 넣었을 때 자연스럽다면 '않'을 쓰면 됩니다.**

- 탕후루는 (안/않) 건강한 맛이야 → 탕후루는 (아니/아니하) 건강한 맛이야 → '아니'가 더 자연스러워! '안'이 맞군!
- 생각보다 어렵지 (안/않)네 → 생각보다 어렵지 (아니네/아니하네) → '아니하네'가 더 자연스러워! '않네'가 맞군!

자, 따라 해 봅시다. '않'은 사실 세 글자, '아니하'라구욧!

왜 안 돼요?

003 | 친구 (소개시켜/소개해) 줘

타인을 통해 다른 누군가를 알고 싶을 때, "걔 소개시켜 줘"라고 하잖아요. 이성 친구 관련해서는 또 뭐라더라, "여소 시켜 줘(여자 소개시켜 줘)", "남소 시켜 줄게(남자 소개시켜 줄게)"라고 하잖아요? 땡땡땡! **소개는 '시켜' 주는 게 아니라 '하는' 겁니다.** '소개'라는 단어 자체에 '둘 사이를 연결한다'는 의미가 담겨 있기 때문인데요. 거기에 '어떤 일을 하게 하다'라는 뜻을 가진 '-시키다'를 가져다 붙이면 우리가 말하고자 하는 의미와는 맞지 않아요. '소개하다'가 네 글자고, '소개시키다'가 다섯 글자인데 왜 애써서 더 길게 표현하는지!

불필요하게 '-시키다'를 갖다 붙이는 문법적인 잘못을 '이중사동'이라고 하고, 국어 과목의 시험 문제에서도 틀린 예로 종종 등장합니다. **'-시키다' 대신에 '-하다'를 넣었을 때 어색하지 않으면 대부분 '-하다'를 쓰는 게 맞습니다.** '금지시키다', '환기시키다', '실현시키다' 모두 '-하다'를 붙였을 때 더 자연스럽죠? 그래서 '금지하다', '환기하다', '실현하다'로 사용해야 합니다. 한때 유명한 노래 구절 "좋은 사람 있으면 소개시켜 줘~"를 흥얼거리다가 시험 문제를 틀린 학생들이 있었답니다. 여러분도 유의하길!

CC 자, 따라 해 봅시다. ♬좋은 사람 있으면 소개해~~줘!♬

친구 소개해 **줘**.

004 | 내일 (뵈요/봬요), 누나

2022년을 뒤집어 놓은 유행어가 있었는데, 바로 '내봬누'. "내일 봬요, 누나"의 줄임말입니다. 연애 예능 프로그램 <환승연애 2>에서 혜성같이 등장한 연하남 현규가 이 멘트를 날려 수많은 연상녀의 마음에 불을 지폈는데요. 여러분도 만약 누군가의 마음에 불을 지피고 싶다면 주목해 주세요. 상대방이 국어 선택 과목 '언어와 매체'를 선택한 언매러라면 더더욱 알아 둬야 합니다. 메시지를 보낼 때, 무심코 "내일 뵈요"로 써 버리면 맞춤법에 어긋나거든요. 언매러는 이런 사소한 것에도 마음이 식어 버린다구….

'뵈요'와 '봬요'는 발음상 비슷하게 느껴지지만, '봬요' 역시 '뵈어요'의 줄임말이랍니다.

뵈다: '보다'의 겸양어(자기를 낮추면서 상대방을 높이는 높임말)

엇, 이 케이스… 어디서 본 적 있지 않아요?(두근) 앞서 언급했던 '되/돼'와 같은 경우예요. 그럼 얘네도 **헷갈리는 자리에 '하/해'를 넣어 보면 되겠죠? '하'가 더 자연스럽다면 '뵈'를 쓰면 되고,**

'해'를 넣었을 때 자연스럽다면 '봬'를 쓰면 됩니다.

- (뵈는/봬는) 게 없어 → (하는/해는) 게 없어

  → '하는'이 더 자연스러워! '뵈는'이 맞군!

- 내일 (뵈요/봬요) → 내일 (하요/해요)

  → '해요'가 더 자연스러워! '봬요'가 맞군!

역시나 받침이 있어도 그대~로 사용할 수 있어요.

- 눈에 안 (뵘/뱀) → 눈에 안 (함/햄)

  → '함'이 더 자연스러워! '뵘'이 맞군!

- 이따 (뵐게요/뺄게요) → 이따 (할게요/핼게요)

  → '할게요'가 더 자연스러워! '뵐게요'가 맞군!

CC 자, 따라 해 봅시다. '뵈/봬'와 '되/돼'는 같은 경우! 헷갈릴 땐 '하/해'를 넣어 보자.
내일 봬요, 누나.

005 나 좀 (설레이는데/설레는데)

'설레임'이란 단어는 아이스크림 이름이기도 하고 노래 가사에도 많이 쓰이기 때문에 일상생활에서도 '설레임', '설레이는 마음', '설레인다' 등으로 자주 쓰는데요. **두근대는 감정을 표현한 '설레다'라는 단어의 명사형은 '설레임'이 아니라 '설렘'입니다!** '설렘'을 '설레임'으로 쓰는 것은, '기쁨'을 '기쁘임'으로 쓰는 것과 다름이 없어요. 이렇게 생각하니 살짝 어색하죠?

위의 예시를 고쳐 써 보면, '설렘', '설레는 마음', '설렌다' 등으로 표현하는 게 맞아요. 특히 다른 사람에게 고백을 하거나, 기대감이 가득한 몽글몽글한 분위기에서 이 단어를 쓰는 경우가 많으니 신경 써서 알아 두도록 합시다. 분위기 깨기 싫으니까~

자, 따라 해 봅시다. 설레임은 아이스크림 이름일 뿐!
나 좀 설레는데.

이 설레임은
너 때문이야.
'설레임'은 정말
예쁜 단어 같아.
맞아. 뭔가 몽글몽글
뽀얀 단어야.
그런데 저 경우엔
설렘이라고 했으면 더 설렜을 텐데….
예쁜 거랑 맞춤법이랑은 달라.
냉정한 놈….

006 사실…우리 (사겨/사귀어)

어디까지나 개인적인 감정인데요, 국어 강사였던 저는 이 '사겨'라는 자음과 모음의 조합을 보면 마음속 깊이 답답함을 느낍니다. 청소년들이 많이 쓰는 말인데 맞게 쓰는 친구들이 몇 명 없기 때문이에요. 이뻐이게요? '사겼다, 사기고 싶다, 사길래' 등 '사기' 버전이 얼마나 많은지…. '사겨'가 맞는 표현이 되려면 '사기다'가 맞는 단어가 되어야 합니다. **그런데 사람과 교제한다는 뜻을 가진 단어는 '사기다'가 아니라 '사귀다'거든요?** 아니, 서로 좋아해서 사귀는 건데 사랑이 사기는 아니잖아~!

그래서 정확한 뜻을 전달하려면, 기본형을 살려 '사귀어, 사귀었다, 사귀고, 사귈래' 등으로 활용해야 합니다.

자, 따라 해 봅시다. '사귀'는 게 '사기'는 아니잖아.
사실…우리 사귀어.

007 남자 친구 (바꼈어/바뀌었어)?

'바꼈어'라고 쓰는 경우는 바로 앞, 006에서 다룬 '사귀다'를 '사겼어'로 활용하는 것과 거의 같은 맞춤법 실수라고 보면 돼요. '교체되다'라는 뜻을 가지고 있는 단어는 '바끼다'가 아니라 '바뀌다'잖아요? 그러면 앞에서 배운대로 '바뀌-'를 살려서 '바뀌었어'로 써야 맞춤법에 맞겠죠. **웬만한 단어는 기본형을 살린다는 원칙만 지키면 맞게 쓸 수 있어요.** 그런데 예외가 있으니까 참 쉽지 않지. 그래도 교양 있는 우리의 삶을 위하여 하나씩 배워 나가 보자고요!

자, 따라 해 봅시다. 바뀌지 않는 것은… 너를 처음 본 순간, 나의 사랑, 그리고 '바뀌다'의 '바뀌'.
남자 친구 바뀌었어?

008 | (몇 일/며칠)이나 됐는데?

“오늘 몇 월 몇 일이야?”, “몇 일째야?” 등 일상생활에서 날짜나 기간을 언급하는 경우가 굉장히 많죠. 이런 표현은 자주 쓰이기 때문에 잘 알아 둬야 합니다. **‘몇 일’이 아니라 ‘며칠’이에요.**

아니, 어째서 ‘몇 월’은 있는데 ‘몇 일’은 없으리란 (맞춤)법이 있냐고요. 자자, 진정하고 각각 한 번씩 읽어 보세요. 월을 물어볼 때에는 [며뒬]로 발음하는데, 날짜를 물어볼 때에는 [며칠]이라고 발음합니다. 만약 ‘몇’과 ‘일’의 조합이라면 [며딜]로 발음해야 하는데 일상에서 그렇게 말하지 않죠.

애초에 ‘며칠’이라는 단어가 중세 국어의 ‘며츨’이라는 어형에서 변형된 것이에요. 원래 예전에는 ‘몇 일’이랑 ‘며칠’을 뜻에 따라 구분해서 쓰기도 했는데, 1988년에 맞춤법 개정이 이루어지면서 **무조건 ‘며칠’로만 쓰기로 사회적 약속을 했어요. 그래서 이제 우리는 고민 없이 ‘며칠’만 쓰면 되는 겁니다.** 참 편하죠?

자, 따라 해 봅시다. 일주일이 7일이니까 ‘며칠(7)’만 쓰는 거야.
사귄 지 며칠이나 됐는데?

009 | 한 (2틀/이틀) 됐나?

1일, 2일, 3일, 4일…. 흘러가는 날짜를 순우리말로 표현할 때 '2틀, 4흘' 등등 숫자와 혼용해서 쓰는 경우를 많이 볼 수 있는데요. 아무래도 이런 단어들이 숫자와 묘하게 잘 어우러져서(?) 순우리말이라는 것을 깨닫지 못하는 것 같아요. 가장 흔하게 틀리는 건 '2일'을 뜻하는 단어 '이틀'을 숫자와 합쳐서 '2틀'로 쓰는 것! 이 경우는 '사랑'이라는 단어에 '사'자가 있다고 '4랑'이라 쓰는 것과 다름이 없음이다~ 이 말이야. **숫자로 바꿔 쓰지 말고 '이틀'은 꼭 두 글자 모두 한글로 써 주세요.**

더불어 항상 논란을 몰고 다니는 단어가 있으니, 바로 '사흘'인데요. '3일'을 뜻하는 '사흘'은 그 발음 때문에 항상 '4일'로 오해받곤 한답니다. 예를 들어, 기사에 '사흘 뒤 크리스마스'라는 표현이 있으면 항상 "기자야~ 날짜도 못 세냐! 크리스마스 3일 남았는데 사흘이라니!" 이런 댓글이 빠지지 않죠. 일수와 관련된 표현은 잘못 알고 있으면 일정에 착오가 생길 수도 있으니, 꼭 잘 알아 두어야겠어요. **'3일'은 '사흘', '4일'은 '나흘'입니다!**

일수	순우리말
1일	하루
2일	이틀 *
3일	사흘 *
4일	나흘 *
5일	닷새
6일	엿새
7일	이레 *
8일	여드레
9일	아흐레
10일	열흘

* 별표는 많은 사람이 헷갈리는 것을 따로 표시한 것이다.

CC 자, 따라 해 봅시다. 숫자에 현혹되지 말자. "3, 4일은 사, 나?"
3일은 사흘, 4일은 나흘.
한 이틀 됐나?

010 | 집에 (들렸다/들렀다) 갈게

학교 끝나고 학원을 가기 전, 시간이 뜰 때 우리는 이런 대화를 나누곤 합니다. "야, 나 집에 들렸다 갈게" 혹은 "PC방 들리게?", "잠깐 올리브X 들려야지" 등의 말을 하죠. 앞의 문장에서 이상한 점을 찾았나요? 모르겠다고요? 그럼 '들렸다', '들리게', '들려야지'에서 기본형을 뽑아 볼까요?

들렸다 = **들리-** + -었- + -다
들리게 = **들리-** + -게
들려야지 = **들리-** + -어야지

모두 '들리다'라는 기본형의 활용이네요. 그런데 **최종 목적지에 도착하기 전에, 잠깐 어딘가에 들어가서 머무르는 것을 뜻하는 표현은 '들리다'가 아니라 '들르다'로 써야 맞습니다.** '들르다'를 활용해서 각각의 예시를 고쳐 쓰면, "나 집에 들렀다 갈게", "PC방 들르게?", "잠깐 올리브X 들러야지"로 바꿀 수 있겠죠. 들리는 건 장소가 아니라 소리일 뿐! 아, 아니다. 귀신도 '들렸다'라고 표현할 수 있네요. 아무튼 소리와 귀신에 관한 말이 아니라면 '들르다'를 쓰는 게 맞아요. 특히 '들렀다'와 '들렸다'

의 발음이 비슷해서 많이들 잘못 쓰는 것 같은데, 발음도 정확히 [들렀다]로 해 준다면 거의 아나운서급의 발음을 구사할 수 있어서 뿌듯할 거예요.

자, 따라 해 봅시다. 들리는 건 귀신 또는 소리! 들르는 건 장소! 집에 들렀다 갈게.

011 | 이게 (뭐에요/뭐예요)?

자, 주목 주목! 일상에서 가장 많이 쓰이는 만큼 가장 많이 틀리는 맞춤법 중 하나를 알려 줄게요. SNS와 메신저가 발달한 요즘, 댓글이나 채팅을 할 때 '-이에요'와 '-예요'를 혼동해서 사용하는 사람들을 어렵지 않게 볼 수 있어요. "이건 뭐에요?", "치킨은 사랑이예요" 등등, 사람들이 이 맞춤법의 존재 자체를 모르는 것 같은 느낌?

먼저 '-이에요'의 비밀부터 알아보겠습니다. 문장 끝에서 설명이나 의문을 나타내는 어미잖아요? '-이에요'를 두 글자로 줄인 것이 '-예요'입니다. **한마디로 '-이에요' 세 글자와 '-예요' 두 글자는 같은 말이라는 것! 이 두 가지만 사용하고 '-이예요'는 쓰지 않아요.** 일단 지금은 머릿속에서 '이예요'라는 세 글자 조합을 지워 버리세요.

그럼 '-이에요'와 '-예요'는 각각 어떤 상황에서 쓸까요? **앞 말에 받침이 있을 때는 '-이에요', 앞 말에 받침이 없을 때는 '-예요'를 씁니다.** 우리가 말할 때도 자연스럽게 받침이 있는 단어 뒤에는 '-이에요'를 붙여 말하잖아요? 쓸 때도 그렇게 쓰면 돼요!

감자 볶음 + -이에요 (받침 o)
감자 + -예요 (받침 ×)

어때요, 참 쉽죠? 같은 말로 한 번 더 연습해 봅시다.

- 할 것(이에요/예요) → 받침이 있네? → 할 것이에요
- 할 거(이에요/예요) → 받침이 없네? → 할 거예요

자, 여기까지 읽었을 때 생기는 궁금증. 혹시 이름은 어떻게 쓰는지 궁금하지 않나요? 이름은 '민진'인데 친근하게 '민진이'라고 할 때도 있잖아요. 이 경우에도 원칙만 지키면 어렵지 않습니다. 한번 볼까요?

- 수지(이에요/예요) → 받침이 없네? → 수지예요
- 민진(이에요/예요) → 받침이 있네? → 민진이에요
- 민진이(이에요/예요) → 받침이 없네? → 민진이예요

받침이 있는 이름 뒤에 접미사 '-이'를 붙여 친근하게 표현하는 경우에는 받침이 없는 것으로 여기고 '예요'를 쓸 수 있는 것입니다. 결국 이 경우 (앞에서 없다고 설명했던) '이예요'라는 형태가 나오는데, '-이에요'가 변한 것이 아니라 이름 뒤에 붙는 '-이'와 받침이 없을 때 쓰는 '-예요'가 합쳐진 것이라는 것!

길게 설명했지만, 여러분은 앞말에 받침이 있나 없나만 따지면 된다는 게 핵심입니다. 그거 하나만 챙기면 이제 '-이에요/예요' 구별은 어렵지 않을 거예요. **아, 예외가 딱 하나 있는데 그건 바로 뒷장에서 알려 줄게요.**

자, 따라 해 봅시다. 받침이 있으면 '-이에요', 받침이 없으면 '-예요'.
이게 뭐예요?

012 사람이 (아니예요/아니에요)

여기서 퀴즈. 아니에요 vs 아니예요. 뭐가 맞을까요? 011에서 배운 대로 앞자리에 있는 '아니'가 받침이 없으니 '-예요'를 쓸까요? 아닙니다. **이 경우엔 '아니'에 받침이 없더라도 '아니에요'가 맞습니다.** 헷갈리게 왜 또 얘는 '에요'냐고요? 011에서 다뤘던 내용은 앞에 명사가 오는 경우고, '아니에요'는 형용사의 활용이기 때문에 다른 경우라고 생각해야 해요. 더 설명하면 머리 아파지니 (여러분 머리 말고 제 머리…) 그냥 '아니에요' 딱 하나만 예외로 외우는 게 편할 거예요!

자, 예외까지 확실히 기억해 두었으니 이제 당신을 '이에요/예요' 마스터로 임명합니다. 땅! 땅! 땅!

CC 자, 따라 해 봅시다. (♬2NE1-〈Fire〉에 맞추어) 아니 에에에 에 에에 에에- 아니에요-!

사람이 아니에요.

이것이에요!
저거예요!
'아니에요'만
'예요'가 아니에요!

013 | 엄마가 밥 (먹었네/먹었냬)

종종 엄마가 동생한테 밥 먹었는지 물어보라고 시키는 경우가 있죠. 이때 우리는 동생한테 그냥 "밥 먹었냐"라고 할 수도 있지만, 현실 가족이라면 '나는 혈육인 너에게 관심 없는데 엄마가 궁금해 하니 물어나 본다'라는 의미를 담아 "엄마가 밥 먹었네" 라고 묻게 되는데요. 많은 사람들이 이 '먹었네'라는 표현이 잘못되었다는 것을 알아차리지 못했을 거예요. **이 표현은 '-냐고 해'의 줄임말로, '-네'가 아니라 '-냬'라고 쓰는 것이 맞습니다.**

-냐고 해 = -냬

지금 보니 모음의 모양이 그대로 살아서 비슷하게 줄어들었죠? 이 사실만 알아 두면, '먹었냬, 맛있냬, 좋았냬, 뭐하냬' 등등 다양하게 표현할 수 있습니다!

자, 따라 해 봅시다. '-냐고 해'는 모음의 모양을 살려서 '-냬'. '네'는 빈정댈 때나 쓰자. "네~네~ 알겠습니다~"
엄마가 밥 먹었냬.

다른 사람의 말을 전할 땐
'했네'가 아니라
'했내'라고 하면 돼.
'네'를 쓰는 경우가
딱 두 가지 있는데….
했네/했내
먼저 '아니에요'의 줄임말은
'아네요'. 이건 쉽지?
다른 건?
빈정거릴 때.
빈정…거릴 때?
네~네~
알겠습니다~~~~

014 신상 빵 (맛있데/맛있대)?

내가 직접 경험한 것이 아니고 다른 사람한테 들은 말을 전달할 때 쓰는 표현이 또 있습니다. 예를 들면 "(친구가 그러는데) 거기 밥이 맛있데", "(콘서트 간 사람에 의하면) 임영웅 콘서트가 그렇게 좋데" 등등. 그런데 이 표현은 잘못된 표현이거든요. 남의 말을 전할 때는 'ㅐ'를 써서 '맛있대, 좋대'로 써야 맞춤법에 맞습니다.

-다고 해 = -대

'-다고 해'를 넣어 봤을 때 내가 말하고자 하는 뜻이 맞다면 '-대'를 사용하면 되겠죠? 'ㅔ'와 'ㅐ'의 발음 구별이 잘 안 되기 때문에 '-대'를 써야할 때 '-데'로 쓰는 사람들이 있는 것 같은데요, 그러면 완전히 다른 뜻이 되니 주의하세요. 어떻게 달라지냐고요? 다음 장에서 설명할게요. 기대하시라!

CC 자, 따라 해 봅시다. '-다고 해'는 모음의 모양을 살려서 '-대'.
신상 빵 맛있대?

015 신상 빵 먹어 봤는데, 그거 참 (맛있데/맛있대)

앞에서는 다른 사람의 말을 간접적으로 전하는 경우의 '-대'를 살펴보았습니다. 그럼 '-데'는 언제 사용할까요? 생긴 건 한 끗 차이지만, 완전히 반대 상황에 쓰여요. 직접 자기가 경험한 것을 이야기해 줄 때 '-데'를 사용해요. 예를 들면 "(내가 먹어 봤는데 말이야) 그 빵 참 맛있데", "(내가 가 봤는데 말이야) 임영웅 콘서트가 진짜 멋지데", 이런 식인 거죠! '-더라'를 한 글자로 줄인 것이라 생각하면 편해요.

-더라 = -데

'-더라'를 넣었을 때 말이 되고 내 소감을 얘기하고자 한다면 '-데'를 사용하면 되겠네요! 여러분은 이제 '데'와 '대'까지 마스터했습니다. 축하해요!

자, 따라 해 봅시다. 내 소감을 얘기할 때는 '-더라'의 '-데'.
신상 빵 먹어 봤는데, 그거 참 맛있데.

누가 케이크를 먹은 사람인지 맞혀 보세요!
케이크가 맛있대.
케이크가 맛있데.
정답은 이분입니다!

016 | 말하는 (데로/대로)

'데로'와 '대로'의 구별은 약간 까다로운데요. 각각 맞춤법에 맞게 쓰이는 상황이 따로 존재하기 때문이에요. 차근차근 '데로'와 '대로'의 쓰임을 설명해 볼게요.

먼저 '데로'. 이건 장소를 뜻하는 의존 명사 '데'에 조사 '로'가 붙은 구조예요. 뭐가 이리 어렵냐고요? 예시를 보면 감이 올 거예요.

- 밝은 데로(곳으로) 가자.
- 네가 가는 데로(곳으로) 갈게.

반면에 'ㅐ'를 쓰는 '대로'는 하나의 단어로, 쓰임이 달라요. 아래 예시로 쓰임을 정리해 볼게요.

- 원하는 대로(그대로) 해 봐.
- 나는 들은 대로(그대로) 말할 뿐이야.
- 준비하는 대로(즉시) 출발하자.
- 닥치는 대로(족족) 먹었더니 배부르네.

정리하자면, 장소와 관련된 표현이라면 '데로', 아니라면 '대

로'를 쓰는 게 맞겠죠. 문맥에 따라서 틀린 맞춤법이 될 수 있으니 유의해서 잘 써 주세요!

- 준비되는 (데로/대로) 네가 말한 (데로/대로) 출발할게.

→ '준비되는 즉시, 네가 말한 곳으로' 라는 뜻이니까
준비되는 대로 네가 말한 데로 출발할게!

자, 따라 해 봅시다. 장소 관련된 표현은 '데로', 그렇지 않은 것은 '대로'.
말하는 대로.

이번 건 좀 쉽네.
장소를 뜻하는 '데'에 '로'가 붙은
형태라는 거잖아?
오~
내가 원하는(데로/대로) 예약해 줘.
이 경우엔 어떻게 쓸래?
흠….
함정이닷!
데로=원하는 장소
대로=원하는 그대로
'데로'로 쓰면 원하는 장소로
예약해 달라는 말이고,
'대로'로 쓰면 원하는 그대로
예약해 달라는 말이네.
오~

017 | 이거 누구 (꺼/거)야?

"이거 누구 꺼?", "내꺼하자" 등, 누군가의 소유임을 나타낼 때 '꺼'를 붙여서 사용하죠. 그러나 이는 맞춤법에 맞지 않는 표현이라는 사실! **읽을 때는 찰지게 [꺼]라고 읽더라도, 표기할 때는 '꺼'가 아니라 '거'를 사용해야 합니다.** 이 표현은 의존 명사 '것'을 구어적으로 이르는 말이거든요.

오늘 배운 것을 복습하는 차원에서 썸남 썸녀나 애인에게 '넌 내 거야!'라고 메시지를 남겨 봐요. 썸이나 애인이 없다면 여러분의 피카츄에게라도!

자, 따라 해 봅시다. 이건 진짜 익숙해지게 소리 내서 읽어 보자.
니. 거. 내. 거.
이거 누구 거야?

018 | 그거 내 (거일껄/거일걸)?

앞에서 소유를 나타낼 때 쓰는 '꺼'는 잘못된 것이라고 배웠어요. 이참에 비슷하게 'ㄱ'과 'ㄲ'의 구별이 중요한 맞춤법들을 몰아서 다뤄 볼게요. "그거 맛있을껄?", "공부 좀 열심히 할껄"과 같이 추측이나 아쉬움의 감정을 나타낼 때 '-ㄹ껄'이라는 말로 문장을 끝내는데요. 이런 경우에도 **'-ㄹ껄'이 아니라 '-ㄹ걸'로, 그러니까** '맛있을걸, 할걸' **등과 같이 써야 맞춤법에 맞습니다.** '껄'로 끝나는 문장은 아예 한글 맞춤법에 없다고 보면 돼요.

아니, 배신 당한 기분이라고요? 저도 '-껄'이 너무 익숙해서 이 사실을 처음 알았을 때 뒤통수 맞은 기분이 들었지만, 어쩌겠어요? 맞춤법의 세계는 차갑다고요.

자, 따라 해 봅시다. '사랑스러울걸'의 반대말은? '사랑스러울 boy' (girl과 발음이 똑같다는 것을 이용한 깔깔 유우-머).
그거 내 거일걸?

019 | 제가 (할께요/할게요)

'ㄱ'과 'ㄲ'의 마지막 시리즈입니다. "잘 먹을께요", "내가 해 줄께" 등 약속을 하거나 어떤 행동에 대한 의지를 나타내는 말을 할 때 '-ㄹ께'로 문장을 끝내잖아요? 이것도 사실,'-ㄹ게'였던 것임! '먹을게요, 해 줄게' 등으로 쓰면 되겠습니다. '께'가 쓰여도 어색하지 않은 경우가 딱 하나 있는데, 바로 '어머니께, 선생님께서' 등 대상을 높이는 조사일 때! 그 외에는 대부분 '-게'로 쓰면 돼요.

자, 따라 해 봅시다. '에게'의 높임말 '께' 말고는 '게'로 쓰자. 꽃게도 '꽃께'가 아니니까.
제가 할게요.

020 (먹던 말던/먹든 말든) 알아서 해

학원에서 수업을 하던 시절, 고등학생들과 메시지를 나눌 기회가 많았는데요. 국어 성적이 좋은 친구들도 헷갈려 하는 맞춤법 중 하나가 바로 '든'과 '던'이었어요. '든'과 '던'이 다르다는 사실 자체도 모르고, 구분 없이 둘 중 하나로만 쓰는 학생들이 대부분이었죠. 예를 들면 한 학생은 '먹든지 말든지, 걔가 뭐라고 하든'으로 쓰고, 다른 학생은 '먹던지 말던지, 걔가 뭐라고 하던'으로 쓰는 거죠. 두 문장이 다른 문맥인데도 통일해서 쓰더라고요.

먼저 '-든'이 쓰이는 경우는 선택의 의미가 포함될 때예요. 예를 들면 '하든지 말든지, 오든 말든, 강아지든 고양이든' 등등. 보통 '어떤 선택이어도 상관없다'는 뉘앙스의 문장을 만들 때 사용하죠. 보통 '하든 말든'처럼 '-든/든지'를 2번 반복하니까, '선택할 수 있다니, **든든**하다'라는 문장으로 외우는 것도 팁이랍니다!

자, 따라 해 봅시다. 선택할 수 있으니 '든든'하다~
먹든 말든 알아서 해.

021 | 걘 어딜 (가든/가던)?

앞에서 '-든'의 쓰임을 배웠습니다. **그럼 '-던'은 언제 사용할까요? 바로 과거의 이야기를 회상할 때 사용합니다!** 이건 여러분이 평소에도 많이 쓰는 형태예요. 예를 들면 '먹던 사과, 보던 드라마' 등이죠.

그런데 이 표현이 문장 중간이 아니라, 문장 맨 뒤로 가서 종결 어미로 쓰일 때가 있어요. 이런 경우에 '든'과 비슷하게 발음하기 때문에 많은 사람이 '든'으로 착각하는 것 같아요. **문장 끝에 오는 '-던'은 과거의 일에 대한 의문형을 만들어 주는 종결 어미예요. '-더니/더냐?'의 줄임말**이라고 생각하면 편해요.

네가 먹던 빵이 맛있더냐? → 네가 먹던 빵이 맛있던?

어때요, 이제 문장 끝에 뭘 넣어야 할지 헷갈릴 때 그 자리에 '-더냐'를 넣어 보고 어색하지 않으면 '-던'을 쓰면 되겠죠? 자, 그럼 퀴즈! 아래 문장의 빈칸을 채워 보세요.

내가 어떤 사람이( )지 상관없이 나를 좋아해 주( ) 그 사람은 잘 지낸다( )?

정답은 순서대로 든, 던, 던! 해설을 해 볼까요? 항상 나를 선택한다는 뜻이니까 '내가 어떤 사람이(든)지', 회상의 의미가 들어 있으니까 '나를 좋아해 주(던)', 의문형 '-더냐'의 줄임말이니까 '그 사람은 잘 지낸다(던)?', 이렇게 채우면 되겠죠. 여러분은 이제 든과 던을 완벽히 구분할 수 있게 되었습니다. 축하해요! 짝짝짝~

자, 따라 해 봅시다. '-던'은 '-더냐'의 줄임말이다!
걘 어딜 가던?

022 걔가 정말 바람을 (폈단/피웠단) 말이야?

많은 사람들이 배우자나 연인이 다른 사람과 부정(?) 행위를 저지른 상황을 '바람 피다'라고 하는데요. 바람 폈니, 바람 폈어, 바람 피지 마 등등 다양하게 활용되고 있죠. **그런데 사실 바람은 '피는' 것이 아닌 '피우는' 것!**

바람뿐만 아니라 목적어가 있는 것들은 '피우다'를 사용합니다. 예를 들어 '담배를 피우다', '게으름을 피우다' 등등이죠. 이 동사는 어떻게 활용할 수 있을까요? '피웠니, 피웠어, 피우지 마'로 '피우-'를 살리면서 써야 맞춤법에 맞는 표현이라는 거! 앞으로 바람을 피운 못된 상대방을 향해 교양 있게 한마디 일침을 날릴 수 있겠네요.

자, 따라 해 봅시다. 바람은 '후후' 불고, '우우' 피우고.
걔가 정말 바람을 피웠단 말이야?

우리 이제 불 필까?
불을 핀다고?
곰팡이야? 피게?
아 맞다, 피우다랬지.
알았어. 불 좀 피우자, 됐지?

023 | 문 좀 (잠궈/잠가)

문단속과 관련해서 "문 좀 잠궈 줘", "비밀번호로 잠궜어?", "문 잠구는 것을 까먹었어"라고 잘못 쓰이고 있는 이 표현, '잠궈'가 아닌 '잠가'가 맞습니다. '잠가 줘, 잠갔어, 잠그는' 등으로 사용해야 하는 것이죠. 왜 그럴까요? 비밀은 바로 기본형에 있습니다. 닫다, 차단하다 등의 의미를 가진 단어는 **'잠구다'가 아니라 '잠그다'거든요. 그래서 '잠그-'를 살려서 활용해야 하는 것이죠.**

여기까지 읽었을 때 이런 의문이 들 수 있습니다. "그래, '잠그는'까지는 이해했어. 그런데 왜 '잠그아, 잠그았어'가 아니라 '잠가, 잠갔어'가 되는 거야?" 우리말의 형용사, 동사의 모음 'ㅡ'는 뒤에 다른 모음이 올 때 쉽게 탈락하는 경향이 있어요. 예를 들면 '예쁘다'의 활용형은 '예쁘어서'가 아니라 '예뻐서'이고, '모으다'의 활용형은 '모으아'가 아니라 '모아'잖아요? '잠그다'도 같은 경우인 것!

자, 하나만 더. 비슷한 단어로 '담그다'도 있어요. '김치를 담궜다'가 아니라 '김치를 담갔다', '물에 담궈 먹다'가 아니라 '물에 담가 먹다'로 써야 맞는 표현이라는 것도 알아 두면 좋겠죠?

자, 따라 해 봅시다. Lock을 표현할 땐, 빗장처럼 생긴 'ㅡ'를 쓰는 '잠그다'. '잠그다'를 'ㅏ'와 함께 활용할 땐, 빗장(ㅡ)이 떨어져 열쇠(ㅏ)만 남는다!
문 좀 잠가.

024 나는 좀 (칠칠맞아/칠칠맞지 못해)

"너 참 **칠칠맞다**" 혹은 "나는 좀 **칠칠맞아**" 등, 덜렁대는 누군가에게 '칠칠맞다'라는 말을 해 본 적 있나요? 사실 이렇게 사용하면 우리가 말하고자 하는 바와 완전히 반대의 뜻을 지니게 되는데요. **'칠칠맞다(=칠칠하다)'의 사전적 의미는 '야무지고 단정하다'라는 뜻입니다.** 한마디로 "너 참 칠칠맞아"라고 한다면 "너 참 야무지다"라는 칭찬이 되는 것이죠.

그럼 해당 표현으로 '덜렁대다'를 나타내고 싶을 땐 어떻게 사용해야 할까요? **부정형을 붙이면 되죠!** '칠칠치 못하다, 칠칠맞지 못하다'**라고요.** 그동안 '덜렁대다'를 '칠칠맞다'라고 썼던 나, 정말 칠칠맞지 못해~

> 자, 따라 해 봅시다. '칠칠하다'는 '77하다', 러키 세븐이 2개나 들어간 칭찬의 표현이었어.
> 나는 좀 칠칠맞지 못해.

025 널 용서하지 않겠다! (사랑에/사랑의) 힘으로!

아주 기본적이고 자주 쓰이지만 틀리는 사람이 종종 있는 조사를 다루어 보려고 해요. '에'와 '의'. 둘 다 한 글자이고, 읽으면 소리도 비슷하기 때문에 한번 제대로 알아 두지 않으면 계속 헷갈리는 친구들이죠.

먼저 '에'는 장소, 시간, 방향 등에 붙는 조사입니다. 영어로 치면 전치사 at이나 to의 느낌.

- 인터넷에 접속한다.
- 3시에 그쪽으로 갈게.
- 집에 가는 중!

반면 '의'는 소유나 소속, 특성의 뜻을 더하는, 주로 명사와 명사 사이를 이어 주는 조사입니다. 영어로 치면 of의 느낌?

- 강아지의 보호자, 차민진
- 우리 집의 자랑, 차민진
- 야수의 심장, 차민진

뒤에 동사나 형용사가 온다~ 그러면 '에'를 사용하고요, 명사와 명사 사이에 쓰인다~ 싶으면 '의'를 사용합니다. 문장 성분끼리 멀리 떨어져 있을 수도 있는데요, 어떤 단어들이 해당 조사로 연결되는지만 잘 찾으면 어렵지 않게 '에/의'를 구별할 수 있을 거예요!

CC 자, 따라 해 봅시다. 시간/장소에 **'에'**, 소속/소유의 **'의'**. 줄여서 **시장에 유의!**

널 용서하지 않겠다! 사랑의 힘으로!

026 내가 일찍 일어나다니, (왠일/웬일)

의외성이 있는 상황에서 '왠일?'이라는 표현을 사용하죠. 이 또한 맞춤법에 맞지 않는 표현입니다. 아니, 딱 두 글자 적었는데 맞춤법에 안 맞는다니요. 살짝 가혹한가? **제대로 쓴 표현은 '웬일'인데요, '웬' 자체가 '어찌된, 어떠한'의 뜻을 가지고 있는 단어거든요.** '웬'과 '일'이 합쳐져 '웬일'이라는 새로운 합성어가 생긴 것이죠. 특히 '왠'과 '웬'은 발음이 비슷하기 때문에 잘못 쓰는 사람이 많은데, 이 책을 읽은 여러분만큼은 안 헷갈리게 해 주려고요. 뒷부분에서 '왠/웬'을 몰아서 다뤄 보도록 할게요.

027 | (웬지/왠지) 예감이 좋아

이유를 모르는 상황에서 '웬지'라고 하나요, '왠지'라고 하나요? 맞춤법에 맞는 표현은 후자, '왠지'입니다. 이 친구는 구별하기가 굉장히 쉬워요. '왜인지(모르게)'의 줄임말이 '왠'인데, 형태가 거의 그대로 남아 있죠?

왜인지 = 왠지

사실, 이 '왠'이라는 글자가 앞에 오는 단어는 '왠지'밖에 없습니다. 저도 '왠'으로 시작하는 다른 단어를 찾아보려고 했는데…. 방언으로 나오는 한 글자짜리 단어 말고는 아직 못 찾았어요. 그래서 여러분은 '왠지'만 기억해 두고, 나머지는 다 '웬'으로 적는다~ 생각해 주세요!

진짜 '왠지' 말고
'왠'을 쓰는 게 없을까?
떡볶이
순대
김말이
오뎅
네가 한번
찾아보든가~
음…. 왠수?
원수의 사투리인
웬수 말하는 거야?
왠걸? 왠만큼?? 왠 떡이냐???
웬걸, 웬만큼, 웬 떡이냐.
피터팬의 왠디!
그것도 웬디고.

028 (왠만하면/웬만하면) 공부 좀 하지

왠만하면vs웬만하면. 이 단어가 가진 미묘한 뉘앙스를 좋아하는 사람들이 많을 거예요(나만 그런가?). **'보통이면, 평균이면'의 뜻을 가진 이 단어는 '웬만하면'으로 써야 맞습니다.** 앞(026)에서 배웠듯, **'왠'은 '왜인지'의 줄임말이고, 이 글자를 쓰는 단어는 '왠지'밖에 없어요.** '웬만큼'도 '웬'으로 쓰면 되겠죠? 이렇게 확실히 알아 두니 얼마나 편해요!

자, 따라 해 봅시다. '왠지' 빼고는 전~부 웬디 '웬'자를 쓰면 된다!

웬만하면 공부 좀 하지.

029 그냥 이 상황을 (받아드려/받아들여)

"이 상황을 받아드려", "그 요구는 받아드릴 수 없어" 등 '수용하다, 거두다'의 뜻으로 쓰는 **'받아드리다'**는 이 문장에서 맞춤법에 맞지 않는 표현이에요. **'받아들이다'**가 맞는 표현으로, '받아서 마음속에 들이다'라고 생각하면 어렵지 않을 거예요.

그런데 '받아드리다'가 또 항상 틀린 맞춤법은 아니거든요. 물건을 '받아서' 어른께 '드리는' 상황이나, 어른이 주신 물건을 '받아 주는' 상황을 묘사할 때 사용할 수 있겠죠. '할머니가 떨어뜨린 물건을 받아 드렸다'와 같이 말이죠. 이와 같은 특수한 상황에만 '받아 드리다'가 맞는 표현이고, 우리가 자주 쓰는 말은 '받아들이다'라는 것을 받아들여 주세요!

자, 따라 해 봅시다. 수용하는 것은 마음속에 들이는 것이니까, '받아들이기'.
그냥 이 상황을 받아들여.

030 (오랫만에/오랜만에) 먹는 마라탕

'오랫만에'와 '오랜만에', 둘 중 무엇이 맞을까요? 둘 다 발음이 [오랜마네]로 비슷해서* 잘못 적기 일쑤인데요. 해당 표현은 **'오래간만에'의 줄임말로 '오랜만에'가 맞습니다.**

오래간만 = 오랜만

둘 다 받침 'ㄴ'을 사용한다는 점에서 생김새가 굉장히 비슷하네요. 모양으로 기억하면 잊지 않을 거예요!

자, 따라 해 봅시다. '오래간만'의 줄임말은 '오랜만!' 닮았잖아~
오랜만에 먹는 마라탕

* '오랫만에'도 음절의 끝소리 규칙이 적용되어, 비음화로 [오랜만에]라고 발음된다.

031 마라탕을 꽤 (오랜동안/오랫동안) 안 먹었어

앞에서 우린 '오래간만에'의 줄임말로 '오랜만에'가 맞춤법에 맞는 표현이라는 사실을 알았습니다. 그럼 긴 시간을 의미하는 명사도 '오랜동안'이라고 쓰면 될까요? 노! 아닙니다. '오랫동안'**이라고 쓰고, 발음도 [오래똥안]이라고 하는 게 맞습니다.** 이 친구가 '오래'와 '동안'의 합성어거든요.

오래+동안 = 오랫동안

우리말에는 이렇게 단어끼리 붙을 때, 'ㅅ(사이시옷)'이 뿅 생기는 경우가 있답니다. 앞에서 다룬 '오랜만에'와 '오랫동안'이 둘 다 네 글자라서 혼동이 생기는 것 같아요. 하지만 이 책을 읽은 당신이라면? 이제 헷갈리지 않을 것이야.

자, 따라 해 봅시다. '오래'랑 '동안'이 합쳐져, '오랫동안'.
마라탕을 꽤 오랫동안 안 먹었어.

032 | 그 대박 사건 이제 (암/앎)

'나 밥 먹음', '곧 감', '알겠음' 등등 동사나 형용사에 명사형 어미 '-ㅁ/음'을 붙인 형태, 여러분도 친구랑 대화할 때 사용하지 않나요? 원래 동사의 명사형은 우리말에 존재했지만, 요즘 긴박한 모바일 사회 속 빠른 채팅창에서 살아남기 위해 더욱 활발하게 쓰이고 있는데요. 우리는 이미 익숙하게 '-ㅁ/음'을 붙여서 소위 말하는 '음슴체'를 만들어요. 그러나 많은 사람들이 특히 받침이 'ㄹ'로 끝나는 어간에 '음슴체'를 만들기 어려워하더라고요. 예를 들면 '알다, 울다, 멀다'를 '암, 움, 멈' 등으로 쓰곤 하죠.

이 단어들처럼 어간의 받침이 'ㄹ'인 경우에는, **우리말 겹받침에 'ㄻ'이 있기 때문에 ㄹ을 살려 놓고 '-ㅁ'을 추가하면 됩니다.** '나 그거 앎, 아기가 욺, 거리가 멂' 등으로 표기하면 완벽합니다!

자, 따라 해 봅시다. 아니, 왜 우리 'ㄹ'기를 죽이고 그래욧! 멀쩡히 'ㄻ'이 있는데!
그 대박 사건 이제 앎.

2

엄마, 아빠,
선생님도 틀리는 말

033 이번 소개팅은 (파토/파투) 났어

있던 일이 없어졌을 때, '파토 났다'는 표현 많이 쓰죠? 특히 여러분이 대학교에 들어가면 더 많이 쓰게 될 거예요. 소개팅, 미팅, 팀플 할 것 없이 전날에 어그러지는 경우가 많거든요…. 아, 이게 핵심이 아니고! 그래서 우린 지금부터 올바른 표현을 알고 가야 한다~ 이 말입니다.

여러분, 놀라지 마세요. **'파토 나다'가 아니라 '파투 나다'가 맞는 말입니다**(세상에…!). 화투판에서 뭔가 안 풀려서 게임이 깨지는 것을 '파투(破: 깨뜨릴 파, 鬪: 싸움 투)'라고 하는데, 해당 단어에서 유래해 지금 우리가 쓰고 있는 의미로 확장된 것이죠. 앞으로는 "소개팅이 파투 났어", "내일 모임은 파투야" 등으로 사용해 주세요. 혹시나 누군가 "야, 파토를 왜 이상하게 써?"라고 물어본다면, 화투판 이야기를 하면서 그 친구에게도 '파투'가 맞다는 사실을 전파해 주세요. 한국인이라면 모두 '파투'를 사용하는 그날까지…!

자, 따라 해 봅시다. 파토가 아니라 파투! 화.투.판.에서 유래했어요!

이번 소개팅은 파투 났어.

034 그런 행동은 (삼가해/삼가) 줘

각종 공지나 안내문에서 '뛰는 행동을 삼가해 주시기 바랍니다', '거리에서 흡연을 삼가합시다' 등의 표현을 본 적 있죠? 어떤 행위나 태도를 금지할 때 쓰이는 '삼가하다'도 맞춤법에 맞지 않는 표현이에요. **한 글자가 빠진, '삼가다'가 표준어입니다**. 네, 맞아요! 장례식장에서 쓰는 '삼가 고인의 명복을 빕니다'라는 말, 거기에 있는 그 '삼가'가 이 '삼가다'의 '삼가'인 거죠. '삼가하다'가 너무 널리 쓰이다 보니, '삼가다'를 어떻게 활용할지 모르는 사람들이 많더라고요. 그래서 예문을 많이 들어 볼게요!

- 그런 행동은 삼가 주시기 바랍니다.
- 어른들 앞에서 소리 지르는 것은 삼가라.
- 공공장소 내에서 음주는 삼갑시다.
- 선생님 앞이라서 행동을 삼간 거야.
- 이런 날씨엔 외출을 삼가는 게 좋지 않을까?

지금은 어색하지만, 소리 내어 읽어 보면 금방 익숙해질 거예요. 이제 '삼가해'라고 쓰는 걸 삼가 줘~

ⓒⓒ 자, 따라 해 봅시다. '삼가하 고인의 명복을 빕니다'가 아니라 '삼가 고인의 명복을 빕니다'.

그런 행동은 삼가 줘.

035 심각성을 (염두해 두고/염두에 두고) 행동해

어른들도 자주 쓰는 표현 중에 '우선으로 고려하다, 생각하다'라는 뜻으로 사용하는 말이 있는데요. '부작용을 염두해 둬', '염두해 볼게(생각해 볼게)' 등으로 사용되는 '염두하다, 염두해 두다'가 바로 그것입니다. 그런데 이건 맞춤법에 맞지 않는 말이라는 거!

'염두에 두다'가 맞는 말인데요. 이 '염두(念頭)'는 한자어로 '생각의 머리', 즉 '우선순위'를 뜻합니다. **그러니까 한마디로 '우선순위에 두고'를 고급지게 표현한 것이 '염두에 두고'인 것이죠.** 위의 예시를 고쳐 쓰면 '부작용을 염두에 둬', '염두에 둬 볼게'가 돼요. '우선순위하다, 우선순위해 두다'라는 말을 쓰지 않듯 '염두하다, 염두해 두다'도 틀린 말이 되는 것입니다.

이걸 학생들한테 설명하니까 자꾸 욘두를 찾던데. 욘두를 왜 그렇게 염두에 두는지 몰라.

자, 따라 해 봅시다. '염두'가 생각 머리였구나.
심각성을 염두에 두고 행동해.

오늘은 '염두에 두다'라는
표현을 배워 볼게요.
염두에 두다
'염두'라는 것은 '생각의 머리,
최상단', 즉 우선순위를 말해요.
이 우선순위에
자리를 만들어 '둔다'라고
생각하면 OK입니다.
우선순위에 둔다=염두에 둔다.
염두에 둬 달라구!

036 | 이 자리를 (빌어/빌려)…

연말 연기대상 시상식에서 많이 나오는 단골 멘트가 있죠. "이 자리를 빌어 함께 고생한 스태프들, 배우들, 부모님, 집에 있는 우리 강아지 초코, 하느님, 부처님, 알라신… 그 외 모든 분께 감사의 인사를 드립니다."

이때 쓰인 '자리를 빌어'라는 표현은 '자리를 빌려'라고 쓰는 게 맞습니다. '빌어'의 기본형은 '빌다'인데 손을 모아서 하늘에 기도를 하는 것이 '빌다'고요. 이때는 그 자리에 간 김에! 그 자리를 잠깐 써서! 소감을 전하는 것이기 때문에 '빌리다'의 활용형인 '빌려'를 사용하는 것이죠. 자리 외에도 '술의 힘을 빌려, 책의 줄거리를 빌려, 관계자의 말을 빌려' 등 내 것이 아닌 남의 것을 갖다 쓸 때에는 전부 '빌리다'를 써 주세요. 앞으로 여러분이 시상식에서 상을 받는다면, 꼭 그 자리를 '빌려서' 소감을 발표해 보길!

CC 자, 따라 해 봅시다. (시상식 수상 장면을 생각하며) 이 자리를 빌려 빌리진 춤을 추자.
이 자리를 빌려….

037 염치 (불구하고/불고하고) 부탁드려요

부끄러움을 아는 마음을 '염치'라고 하죠. 이 부끄러움을 무릅쓰고 누군가에게 아쉬운 소리를 할 때 우리는 '염치 불구하고…'라는 표현을 사용해요. 그런데 말이죠, 이 '불구하고'가 맞춤법에 맞지 않는 말이었습니다(상상도 못한 정체!).

'염치 불고하다'가 정확한 표현인데, 여기서 '불고(不顧)'는 한자어로 '돌아보지 않음'이라는 뜻이에요. 그러니까 내가 지금 아쉬운 상황이니 부끄러움 따위 신경 쓰지 않는다, 이런 거죠. '불고하다'는 '염치'뿐만 아니라 '체면'에도 붙여서 쓸 수 있어요.

그렇다고 '불구하다'가 아예 없는 말은 아닙니다. 쓰임이 다를 뿐이에요. 이 단어는 보통 나타나는 형태가 정해져 있어요. '그럼에도 불구하고, 아픔에도 불구하고, 먹었는데도 불구하고' 등 '-에도/음에도/ㄴ데도 불구하고'로만 쓰이거든요. **따라서 '염치 불고하고' 혹은 '염치 없음에도 불구하고'라는 표현은 쓸 수 있지만, '염치 불구하고'로 쓰면 맞춤법에 어긋난다는 것**, 알아두세요!

ⓒⓒ 자, 따라 해 봅시다. 염치가 없으면 염치가 못 가니까 염치 불(不) Go.

염치 불고하고 부탁드려요.

038 | (금새/금세) 다 먹었네

책을 많이 읽는 사람이라도, 국어 성적이 좋은 학생이라도, 심지어 선생님들도 잘 알아채지 못하는 틀린 맞춤법이 있어요. 바로 '금새'인데요, 친구들과 메시지를 나눌 때는 물론이고 방송에서도 종종 '금새'로 자막이 나오기 때문에 틀렸다는 것을 모르는 경우가 많아요.

'지금 바로, 짧은 시간 안에'라는 뜻을 가진 단어는 '금세'로, '금시에'를 줄인 말입니다. '금시(今時)'는 한자어로 '지금'을 뜻하거든요. 이것도 줄이기 전의 형태를 알고 생김새로 유추하면 쉽게 외울 수 있을 거예요.

금시에 = 금세

자, 따라 해 봅시다. '금세'는 '금시에'의 준말!
금세 다 먹었네.

039 | (그세/그새)를 못 참고!

바로 앞에서 우린 '금세'가 옳다는 것을 배웠습니다. 그럼 '그사이'의 줄임말은 어떻게 쓸까요? 네, 잘했어요! 역시 생김새로 유추하니까 정답이 금방 나오네요. **'그사이'의 줄임말은 '그세'가 아니라 '그새'입니다**. '밤사이'를 '밤새'로 쓰는 것과 같은 유형이죠?

그사이 = 그새

아무래도 '금세'와 '그새'가 같은 초성(ㄱㅅ)에, 같은 글자 수라서 많이들 혼동하는 것 같아요. 하지만 여러분은 이제 헷갈리지 않아. 왜? 이 책으로 확실히 배웠으니까~

자, 따라 해 봅시다. '그새'는 '그사이'의 준말!
그새를 못 참고!

040 그거 완전 (짜집기/짜깁기) 증거구만?

여러분은 과제를 어떻게 하나요? 게으른 저는 일단 인터넷에 검색하고, 적당해 보이는 정보들을 이곳저곳에서 수집하곤 했는데요. 이 '복붙 스킬'의 숙련도에 따라 한 끗 차이로 좋은 과제가 될 수 있고 단순히 짜깁기 글이 될 수도 있죠. 네? '짜집기'가 맞는 표현 아니냐고요? 아니에요. **조각조각 난 것들을 이어 붙이는 것을 의미하는 단어는 '짜집기'가 아니라 '짜깁기'랍니다.** '짜서 깁다'를 줄인 말이거든요. 이것저것 얼기설기 엮어서 꿰매는(기우는) 모습을 떠올리면 이해가 잘될 거예요.

CC 자, 따라 해 봅시다. 짜서 집는 게 아니라, 짜서 깁는 '짜깁기'.
그거 완전 짜깁기 증거구만?

041 | 올 여름 (남량/납량) 특집

여름이 되면 각종 방송이나 유튜브에서 흥행하는 콘텐츠가 있죠. 바로 간담을 서늘하게 하는 오싹~ 오싹~ 공포 특집인데요. 이런 특집들을 '**남량** 특집'이라고 쓰는 사람들이 많아요. 비음화로 인해서 [남냥]으로 발음되긴 하지만 올바른 표기는 '납량 특집'이라는 사실, 알고 있나요?

'납량(納涼)'은 한자어인데요, '서늘함을 들이다, 서늘함을 즐기다'라는 뜻이에요. '납량 특집 콘텐츠'라고 바로 써야, 여러분의 더위를 식혀 주는 콘텐츠가 되겠죠?

CC 자, 따라 해 봅시다. 더위를 반납한다! 납량 특집.

올 여름 납량 특집

여름철엔 남량 특집이
많이 나와서 좋아.
무서운 걸 좋아하거든.
아 좀 어려운데,
쉽게 외우는 방법 없을까?
아, 그 단어 말이야.
비음화로 인해 [남냥]으로 소리 나는데,
'납량'으로 써야 해.
금속성 물질 납이 차가우니,
납을 떠올리면서 '납량'이라고
외우는 건 어때?
납

042 | 난 네가 잘되길 (바래/바라)

남녀노소 상관없이 일상생활에서 표준어처럼 사용하고 가사, 드라마, 영화 등 각종 매체에서도 자주 쓰이지만 맞춤법에는 틀린 말이 있어요. **바로 wish나 hope의 의미를 가진 '바라다'인데요.** '바라다'의 기본형 자체는 많이들 알고 있지만, 정작 문장 속에서는 '**바래, 바래요, 바랬어, 바랩니다, 바램**' 등으로 활용되고 있습니다. 여러분도 평소에 "시험 잘 치길 **바래!**", "모두가 행복하길 **바래요**"라고 말하고 있지 않나요?

그렇다고 '바래다'가 아예 없는 말은 아니에요. 뭔가의 색깔이 흐려졌을 때 "오래된 옷의 색깔이 바랬어" 등으로 사용할 수 있고, 누군가를 배웅할 때 "내가 바래다줄게"라고 말할 수 있어요. 이런 경우가 아니라면 소망을 이야기할 때에는 '바라, 바라요, 바랐어, 바랍니다, 바람'으로 써 주길 바라요!

CC 자, 따라 해 봅시다. 바람이 멈추기를 바람.
난 네가 잘되길 바라.

오늘 같이
추운 날에는….
바람아!
제발 멈추어 주길 바람!

043 진짜 (희안하게/희한하게) 생겼네

여러분은 "그것 참 희한하네~"라는 유행어를 알고 있나요? 한 개그 프로그램에서 '희한하네'라는 코너가 인기를 얻으면서 유행한 문장인데요. 아마 어린 친구들은 모를 거예요. 오래된 유행어거든요. 그땐 그랬지…(추억 여행).

아무튼 '드물고 기묘하다'라는 뜻을 가진 '희한하다'는, 많은 사람들이 두 번째 글자 '한'을 '안'으로 발음하면서 표기도 '희안하다'로 쓰고 있습니다. 하지만 'ㅎ'이 앞뒤로 들어가서 '희한'이 맞다는 점! 참 희한~하네요!

CC 자, 따라 해 봅시다. ㅎㅎ, 그것 참 희한하네~(히읗이 두 개).
진짜 희한하게 생겼네.

희한하다
'희한하다',
헷갈리죠?
희한할 땐 히읗이 2개!

044 | (겉잡을/걷잡을) 수 없는 사태

상황이 휘몰아쳐서 수습하기 어려울 때 '겉잡을 수 없는 상황'이란 말을 쓰죠. **이때는 '겉잡다'가 아니라 '걷잡다'가 옳은 표현입니다**. 그렇다고 해서 '겉잡다'가 아예 없는 말은 아니고 둘 다 표준어로 등재되어 있는데 쓰임이 달라요. 각 단어가 어떻게 쓰이는지 하나하나 살펴볼게요.

먼저 'ㅌ' 받침을 사용하는 '겉잡다'는 '겉으로 대충 어림짐작하다'라는 뜻인데요. "겉잡아(대충 예상해서) 일주일이면 이 책을 다 보겠어", "그 친구가 어떤 결정을 내릴지 겉잡을 수가(어림짐작할 수가) 없네" 등, 생각과 판단이 들어가 있는 상황에서 쓰는 표현이에요.

'ㄷ' 받침을 사용하는 '걷잡다'는 '진정시키다, 통제하다'라는 뜻을 가지고 있어요. "걷잡을 수 없는 유행", "눈물이 걷잡을 수 없이 또르르…" 등 뭔가를 멈출 수 없는 상황에 쓰죠. 우리는 '걷'의 받침이 헷갈리는 거니까, 통제의 느낌을 살려서 '싹 거두어 잡다'로 외워 봅시다!

거두어 잡다 → 걷잡다

자, 따라 해 봅시다. 거둬 잡는 것은 걷잡다, 겉으로 어림짐작하면 겉잡다!

걷잡을 수 없는 사태

045 천호역에 (쭈꾸미/주꾸미)가 아주 맛있는 곳이 있어

제가 대학교 동기들을 만날 때마다 우스갯소리로 하는 말이 있습니다. “학교 다니면서 얻은 지식 중에 가장 유용한 게 쭈꾸미 맛집이야.” 천호역에 대학생 때부터 한 5년 동안 다닌 식당이 있는데, 제가 정말 좋아하는 곳이라 경기도로 이사 오고 나서도 꾸준히 가요. 사람이 더 많아질까 봐 상호 명은 공개하지 않을…아차차! 이걸 얘기하려던 게 아니고요.

앞서 제가 ‘쭈꾸미 맛집’이라고 했지만, 표준어로는 ‘주꾸미 맛집’이 옳은 표현입니다. ‘쭈꾸미’의 어감이 더 찰져서 그런지 식당에서도 ‘쭈꾸미’를 사용하지만 [주꾸미]로 읽고 ‘주꾸미’로 쓰는 것이 맞다는 거, 알고 있으면 좋겠네요. 그리고 난 절대 그 주꾸미 집 상호명은 밝히지 않을 것이야.

자, 따라 해 봅시다. 주꾸미 맛 좀 보여 주꾸마!

천호역에 주꾸미가 아주 맛있는 곳이 있어.

3

내 수준을 올려 줄 바로 그 단어

046 새로운 인재(로써/로서) 성장할…

'로써'와 '로서'는 구별이 쉽지 않아서 예로부터 많은 사람을 괴롭혀 왔던 친구들입니다. 어느 하나가 잘못된 말이 아니고 각각 문맥에 맞게 쓰이는 표준어이기 때문에 더 어렵죠. 게다가 둘 다 조사! 여러분도 혹시 고통받고 있나요? 이번 기회에 차근차근 '로써'와 '로서'의 쓰임을 알아보자고요!

먼저 '(으)로서'는 앞에 오는 명사가 지위, 신분, 자격임을 나타냅니다. 이렇게 말하니 조금 어려워 보이네요. 역시 백 번 설명하는 것보다 한 번 보는 게 낫죠. 빠르게 예문으로 갑시다!

- 저는 이곳의 새로운 인재로서 적합합니다.
- 학생으로서의 본분은 급식 먹기잖아?
- 나로서는 이해가 가질 않네.
- 그 책은 베스트셀러로서 우리 가게 매출 1등 공신이야.

'로서' 앞에 붙은 명사들이 전부 지위, 신분, 자격을 나타내고 있죠? 어떤 사람들은 앞에 '사람'이 오면 '로서'를 쓰고, '사물'이 오면 '로써'를 쓴다고도 얘기하는데요. 물론 보통은 지위나 신분을 가지고 있는 것이 사람이긴 해서 어느 정도 유용하게 쓰이는 구별법이기도 하지만, 네 번째 예시 '베스트셀러'와 같이 사람이 아닌 것도 지위를 가질 수 있기 때문에 주의하는 게 좋아요. 자, 여기까지 읽었으면 바로 다음에 다룰 '로서'의 쓰임도 마저 살펴보고 비교해 볼까요?

CC 자, 따라 해 봅시다. 지위에 당당히 '서'있다구! 로서.
새로운 인재로서 성장할….

047 | 눈물(로서/로써) 호소합니다

'(으)로써'는 앞 명사가 수단과 방법임을 알려 줍니다. 혹은 시간의 한계를 나타내기도 하죠. 암기법을 알려 주기 전에 예문으로 먼저 그 분위기(?)를 느껴 볼게요.

- 쌀로써 떡을 만들면 쌀떡, 밀로써 떡을 만들면 밀떡.
- 돈으로써 모든 문제를 해결하려 하지 마.
- 회사 사장은 신입 직원으로써 인력 부족을 해결했다.
- 오늘로써 먹부림은 끝이야.

1~3번째 예시는 '로써' 앞에 붙은 명사들이 어떤 결과를 위한 수단으로 쓰였고, 마지막 예시는 시간에 붙어 한계의 뜻을 더하고 있습니다. 특히 세 번째 예시를 보면, '로써' 앞의 '신입 직원'이 '인력 부족'이라는 문제를 해결하기 위한 수단으로 쓰였기 때문에 사람임에도 불구하고 '로써'라는 표현이 붙는다는 걸 알 수 있는데요. 이처럼 단순히 사람과 사물, 이분법적으로 나누어 '로서'와 '로써'를 붙이면 헷갈리기 쉽습니다. 사실 국어사전 속 의미만으로 맞춤법 구별이 해결되는 경우가 꽤 있어요. 하지만 그런 게 너무 많잖아. 어떻게 다 알고 있냐고. 여러분은 (국어

학자가 될 게 아니라면) 자주 등장하는 예시 몇 개만 머릿속에 넣어 두세요. 여러분의 교양 있는 한국어 생활, 이 책으로써 실현해 줄게요!

자, 따라 해 봅시다. 모든 수단과 방법을 '써'보자! 로써.
눈물로써 호소합니다.

048 (뒤쳐지지/뒤처지지) 않으려고 노력했습니다

주변과 비교했을 때 뭔가 나 자신이 부족하다 느껴지고, 다른 사람들을 따라가지 못한다는 느낌이 들 때가 있나요? 그럴 때 '내가 뒤쳐지나…'라는 생각은 접어 두세요. 왜냐면 맞춤법에 맞지 않는 표현이거든요! 장난이고요, 뒤처진다는 불안감을 갖는 것 자체가 자기 삶에 애착이 있다는 증거라고 생각해요. 여러분은 앞으로 성장할 사람이니 조급해하지 말고 하나하나 이뤄 나가 봅시다!

갑자기 분위기 '꼰대' 됐네요. 아무튼 해당 표현의 표준어는 **'ㅕ'가 아니라 'ㅓ'를 쓰는 '뒤처지다'입니다**. 뒤로 주-욱 뒤처지는 모습을 떠올리며 '주욱'을 연상하고, 거기에 있는'ㅜ'를 오른쪽으로 회전시킨 'ㅓ'를 쓴다고 생각하면 쉽겠죠?

주욱~ 뒤처지다

기분이 좋지 않은 상태도, 아래로 축 늘어진 모양에도 '쳐지다'가 아닌 '처지다'를 씁니다. "날씨 탓인지 기분이 축 처지네

요", "피곤해서 눈꺼풀이 처졌어"와 같이 말이죠.

자, 따라 해 봅시다. 주욱~ 뒤처지지 말자!

뒤처지지 않으려고 노력했습니다.

049 이 회사에 (알맞는/알맞은) 사람입니다

여러분, 문제집을 풀 때 '알맞는 답을 고르시오'라는 문장을 본 적 있나요? 다른 과목은 몰라도 국어 문제집에서 해당 문장을 봤다면 출판사에 당장 전화해서 정정 요청을 하면 됩니다. '알맞는 답'이 아니라 '알맞은 답'이 맞춤법에 맞는 표현이거든요. '알맞다'는 형용사로, '-는'• 이라는 어미가 붙지 않아요. 다른 형용사의 경우를 살펴보면 어색한 표현이라는 것을 알 수 있어요. 가장 만만한 형용사인 '예쁘다'를 예로 들어 볼게요. '예쁜'이라고 쓰지, '예쁘는'이라고 쓰진 않죠?

그러면 여기서 또 질문이 생깁니다. '맞는 답'도 틀린 표현일까요? 아니요! '맞는 답'은 틀리지 않았습니다. 왜냐하면 '맞다'는 형용사 겸 동사이기 때문에 '가는, 먹는, 입는'과 같이 '-는' 어미가 붙을 수 있거든요. '알맞다'와 '맞다', 진짜 한 글자 차이인데 품사에 따라 묘~하게 달라지네요.

• 이 어미는 관형사형 어미라고 하는데, 동사가 체언을 수식하는 역할을 하도록 바꿔 준다.

CC 자, 따라 해 봅시다. '알맞는 답'을 고르라고 하는데, '알맞은'건 있어도 '알맞는' 건 없는 걸요ㅠㅠ

이 회사에 알맞은 사람입니다.

050 꿈을 (쫓아/좇아) 달려가는 자

여러분은 '목표를 쫓아' 달리나요, '목표를 좇아' 달리나요? '쫓다'와 '좇다'는 둘 다 있는 말인데다 발음도 비슷해 헷갈리지만, 뜻은 완전히 달라서 쓰임에 유의해야 합니다. 일단 각각 어떤 뜻을 가지고 있는지 볼까요?

	뜻	대상
쫓다	(훠이훠이~) 물리치다	파리, 맹수, 졸음 등
좇다	따르다, 추구하다	꿈, 이상, 목표, 이익 등

'쫓다'는 내가 꺼리는 대상을 나에게서 멀리 보내는 행위고, '좇다'는 내가 원하는 대상에게 가까워지려는 행위예요. 그러니 '목표를 쫓는다'라는 표현은 목표를 물리쳐 버린다는 뜻이 되겠죠. 여러분이 성실한 사람이 되고 싶다면, '목표를 좇는 사람'이 되세요. 앗, 그리고 또 유의해야 할 점이 있는데요. '좇다'의 치읓(ㅊ) 받침입니다. 가끔 지읒(ㅈ)을 사용하는 사람들이 있더라고요…. 상당히 좋지 못한 글자가 되어 버린답니다. 주의!

자, 따라 해 봅시다. 목표는 내쫓지 않고 좇는 것.

꿈을 좇아 달려가는 자

051 이 업계에서 (내노라하는/내로라하는) 회사

여러분은 "이 분야에서 내노라하는 사람이 되고 싶습니다"라고 말할 만큼 푹 빠진 분야가 있나요? 그렇다고 대답하는 분들의 자신감이 부럽고, 아니라고 하는 분들의 기회가 부럽네요. 하지만 '내노라하다'라는 표현은 틀렸답니다. **어떤 분야를 대표할 만한 사람에게 붙이는 수식어로는 '내로라하다'가 맞아요.** '내놓을 만한 사람'이 어원일 거라는 생각에 많은 사람이 '내노라하는 사람'으로 잘못 사용하는 것 같아요. 저도 그랬으니까요!

'내로라하다'의 어원은 '나(이)로다(It's me!)', 그러니까 '내가 낸데~'의 옛날 버전이라고 생각하면 돼요. 스스로 본인을 내세울 만큼 대단한 사람에게 붙이는 수식어라는 거죠. 여러분도 꿈을 이뤄서, 원하는 분야에서 내로라하는 사람이 되길 바랍니다. 뭐, 솔직히 안 내로라해도 괜찮아요. 그냥 행복한 사람이면 충분하지.

ⓒⓒ 자, 따라 해 봅시다. 내가 바로 나로다! 내로라하다.

이 업계에서 내로라하는 회사

052 어떤 (역활/역할)이 주어지더라도

혹시 맡은 임무를 뜻하는 단어로 '역할' 대신에 '역활'을 사용하고 있지 않나요? 자기소개서에서 책임감을 강조할 때 "제 역활을 다 하는 사람", "팀을 이끄는 역활을 맡았습니다" 등 이 단어를 잘못 쓰는 경우를 많이 봤는데요. 자기소개서에 틀린 맞춤법이 있으면 특히 더 민망해지더라고요. 글의 신뢰도를 높이기 위해서 맞춤법을 지키는 것은 중요하거든요.

'역할'은 나누어 맡는 것! 이 단어의 '할'이 돈을 나누어 갚는 '할부', 쪼개어 나누는 '분할' 등에 쓰이는 '나눌 할(割)'이에요. '나누다'의 의미를 기억해서 '할'로 바르게 써 주세요. 복잡하게 '활'로 쓸 이유가 전혀 없다는 거!

자, 따라 해 봅시다. 역할은 분할해서 맡는 거니까 '할'을 쓰자.
어떤 역할이 주어지더라도

4

틀리면 갑자기 분위기 민망해지는 말

053 이 상황 정말 (어의없다/어이없다)

영화 <베테랑>(2015)을 본 사람이 있나요? 개봉할 당시부터 지금까지 많이 쓰이는 유행어를 만들어 낸 영화이기도 한데요. 영화를 몰랐던 사람도 이 유행어는 들어 봤을 거예요. "(떨리는 목소리로) 어이가 없네?"

일상에서 '어의없다'라는 틀린 표현이 종종 보이는데, **기막힌 일이 있을 때 사용하는 표현은 '어이없다'입니다**. 보통 '어이' 단독으로는 쓰지 않고요, 황당한 상황에 '어이없다'가 통째로 쓰여요. 그러면 '어의'는 어디서 온 것이냐. '어의'는 예전에 임금을 치료하던 의사를 일컫는 말이에요. 요즘은 거의 안 쓰는 단어니까 그냥 머릿속에서 지워 버려. 헷갈리잖아~

자, 따라 해 봅시다. 어이가 없을 땐 애먼 어의 찾지 말자고요.
이 상황 정말 어이없다.

지금 내 기분이 그래….
어의가 없네…?
어의가 없어?!
이거 정말 큰일이네!
이봐라! 어의가 없으니
당장 어의를 들라 하라!
예이~~~
• • •
에흐-임
어의 도착

054 | 감기 빨리 (낳아/나아) ㅠㅠ

아픈 친구에게 "빨리 낳아"라고 이야기한다면 굉장히 무례한 말을 한 셈이에요. 왜냐하면 '낳다'는 여러분도 알다시피 '출산하다'와 동의어거든요. 낳을 것도 없는 사람에게 계속 뭘 낳으라니!

어떤 질병이 호전되기를 바랄 때는 '낫다'의 활용형인 '나아'를 써야 맞는 표현입니다. '병이 호전되다, 뭔가와 비교해서 더 좋다'라는 뜻을 가지고 있죠. 해당 단어는 불규칙 활용이 일어나는 단어로, 활용할 때 시옷(ㅅ)이 탈락해서 '낫아'가 아닌 '나아'가 되거든요? 그래서 비슷한 발음인 '낳아'로 표기하는 사람들이 종종 있는 것 같아요. 아픈 사람에게 출산을 강요하지 말고 쾌유를 빌어 주자고요!

CC 자, 따라 해 봅시다. 감기는 낳는 게 아니라서 출산율에 기여할 수 없어.
감기 빨리 나아ㅠㅠ

055 너 (명예회손/명예훼손)으로 고소

인터넷에서 얼굴도 모르는 사람과 싸우다 보면 날선 댓글들이 오가잖아요? 그렇게 할 말, 못할 말 오가다 보면 고소한다 어쩐다 말이 나오게 되는데요. 이번에 배울 표현은 이런 상황에서 유용하게 쓸 수 있는 단어입니다. 바로 **'명예훼손'**! '명예회손'**이라고 잘못 쓰는 사람들도 많은데,** '명예훼손'**이 올바른 표현입니다. 누군가를 방해할 때 쓰는 표현인 '훼방 놓다'의 '훼'와 같은 글자예요.**

명예훼손은 내 명예를 더럽히는 내용을 다른 사람에게 발설하거나 공개하는 행위를 의미하는데, 누군가 내 명예를 훼손했다면 그게 사실이든 거짓말이든 법적으로 책임을 물을 수 있어요. 참나, '정치와 법' 시간도 아니고…별걸 다 알려 준다, 그렇죠? 아무튼 이 단어는 기억해 두었다가 큰 싸움이 나면 꼭 써먹으세요!

CC 자, 따라 해 봅시다. 내 인생에 훼방 놓지 마, 명예 훼손.
너 명예훼손으로 고소.

056 법적 (조취/조치)를 취하겠습니다

연예인이나 유튜버 같은 인플루언서들은 다수의 사람들에게 지나친 욕을 먹기도 합니다. 저도 유튜브와 인스타그램 계정을 갖고 있는데, 거기에 달린 댓글들을 통해 세상엔 생각보다 배배[•] 꼬인 사람이 많다는 것을 알게 되었어요. 저도 이런데, 유명한 분들은 얼마나 좋지 않은 댓글들을 많이 보겠어요? 정도가 지나치다 생각이 들면 소속사 차원에서 악성 댓글에 강력히 대응하겠다는 공지를 올리는데, 이 공지에 간혹 '법적 조취를 취하겠다'는 문구를 쓰더라고요.

그런데 이건 틀린 표현이라는 거. **'조치를 취하겠다'가 맞는 표현입니다.** 아무래도 '조치'와 뒤에 있는 '취하다'라는 단어가 겹치면서 헷갈리는 사람들이 많은 것 같아요. '조취'라는 단어가 있긴 한데, 흠흠, 영 '조취 못한(좋지 못한)' 단어입니다. 누린내, 악취라는 뜻이거든요. 이런 공지는 악플러들에 대한 선전포고이기 때문에 무게감이 있어야 하는데, 틀린 맞춤법이 있다면 읽는 사

• 미니 코너! 꼬인 모양을 표현할 땐 '베베'가 아닌 '배배'라고 쓴다. 그리고 유명한 오리*의 과자 이름도 '배배'다.

람에게 핵심이 제대로 전달되지 못하겠죠. 여러분도 혹시나 인터넷에서 익명의 누군가에게 고통받고 있다면 조취 말고 법적 조치를 찾아보세요.

ⓒⓒ 자, 따라 해 봅시다. 악플러들아, 법적 조치로 벌금 먹을 생각에 기분 조오~치?
법적 조치를 취하겠습니다.

057 모든 계획이 (숲으로/수포로) 돌아갔어

인터넷에서 실제로 보고 깜짝 놀랐던 틀린 맞춤법이 있습니다. 바로 "그동안의 노력이 숲으로 돌아갔어"인데요. '수포로 돌아가다'를 잘못 쓴 표현이더라고요. 처음엔 황당했는데, 생각해 보니 '수포로 돌아가다'라는 문구를 글자로 접하지 않고 귀로 듣기만 한 사람이라면 그렇게 유추할 수도 있겠구나, 이해가 되더라고요. 숲이 워낙 미스터리한 느낌이 있잖아요. 내 노력이 미궁 속으로 사라졌다, 뭐 이런 느낌?

이해가 된다고 해서 맞는 표현은 아니죠. (냉정한 맞춤법의 세계!) **그동안 했던 노력이 헛수고가 됐을 땐 '수포로 돌아가다'를 써야 합니다.** 여기서 '수포(水泡)'는 '물거품'을 의미합니다. 물집이 몽글몽글 생기는 병인 '대상포진'의 '포'와 같은 한자를 써요. 비유적으로 쓰는 표현인 "물거품이 돼 버렸어"와 완전히 같은 말인 거죠. 우리 공부한 게 수포로 돌아가지 않도록 실생활에서 열심히 활용해 봅시다.

자, 따라 해 봅시다. 산으로 가지 말고 물로 가세요. 숲으로 말고 수포로.

모든 계획이 수포로 돌아갔어.

058 | 일을 (벌리는/벌이는) 스타일

'큰일을 벌리다', '잔치를 벌렸다', '싸움판을 벌린다' 등의 표현, 본 적 있죠? 어떤 일이나 행사가 크게 일어났을 때 쓰는 표현인데, 이 세 예문 모두 맞춤법에 맞지 않아요. '벌리다' 대신에 '벌이다'라는 단어를 활용해서 '벌이다, 벌였다, 벌인다'로 써야 맞는 표현입니다. 그렇다고 '벌리다'가 아예 없는 말은 아니라서 더 섞어서 쓰는 것 같아요. 이참에 각각의 뜻을 짚고 넘어가 볼까요?

- 벌이다: 행사를 차려 놓거나, 여러 가지 물건을 늘어놓음
- 벌리다: 대상 사이의 간격을 멀어지게 함

'벌이다'가 판을 깔아 놓는 느낌이라면, '벌리다'는 물리적인 거리를 넓히는 느낌! 이제 이 두 단어가 다르다는 걸 알았으니, 잘 구별해서 쓸 수 있을 거예요.

자, 따라 해 봅시다. 판은 벌이고, 간격은 벌리고.
일을 벌이는 스타일

059 | (권투/건투)를 빕니다!

친구가 시험을 보러 가거나 경기를 치르러 갈 때 "권투를 빌어!"라고 메시지를 보내 본 적이 있나요? 이는 맞춤법에 맞지 않는 표현입니다. 심지어 친구가 권투 시합을 나갈지라도요!

옳은 표현은 '건투'로, '건강하게 투쟁한다(싸운다)'의 줄임말이라고 생각하면 될 것 같아요. 시험과 싸우는 경우, 상대방과 싸우는 경우, 질병과 싸우는 경우 등 모든 사투(?)를 벌이는 사람에게 응원의 뜻으로 사용할 수 있는 표현이랍니다. "건투를 빌어!"

자, 따라 해 봅시다. 건강하고 씩씩하게 투쟁하길! 건투! 건투를 빕니다!

060 (구지/굳이) 이렇게 해야겠어?

누군가가 고집을 부리는 상황에서 "구지 구지~ 그렇게 해야겠어?" 혹은 "궂이 이렇게 할 필요가 있어?" 등의 표현을 사용하는데요. 옳은 표기는 '굳이'입니다. 읽을 땐 구개음화로 [구지]로 소리 나지만요. 구개음화란 우리가 '해돋이'를 [해도지]라고 읽고, 같이를 [가치]라고 읽는 것과 같은 음운 변동 현상입니다. 없던 'ㅈ'이 생기니 글로 쓸 때 헷갈리죠?

'굳이'라는 단어는 '고집스럽게, 일부러 애써서'라는 뜻이잖아요? 고집이 굳건하다는 뜻이겠죠. **이 단어도 '굳다'의 '굳-'에다가 '-이'라는 접미사를 붙여 만든 거거든요.** 이제 좀 안 헷갈리겠다, 그렇죠? 다른 사람은 '구지'라고 쓰더라도 우리는 굳이 굳이 '굳이'라고 쓰자고요.

자, 따라 해 봅시다. '굳다'에서 파생된 '굳이'

굳이 이렇게 해야겠어?

5

헷갈려서 매번 검색하는 말

061 (아구찜/아귀찜)은 콩나물이 제일 맛있다

앞에서 다뤘던 '045. 쭈꾸미/주꾸미'와 더불어 사람들이 가장 많이 틀리는 음식 이름이에요. 지금까지 살면서 (아주 긴 인생은 아니지만) 이 음식의 이름이 식당에 정확히 적혀 있는 경우는 세 번도 못 본 것 같아요. 바로 콩나물과 생선 아귀를 칼칼한 소스에 볶은 '아귀찜'! 보통 '아구찜'으로 잘못 쓰고 있죠?

제가 고등학생 때 다녔던 국어 학원의 선생님께서는 항상 아귀찜 식당을 갈 때마다 매직을 들고 다닌다고 하셨어요. 왜냐고 물으니, 대답이 예술입니다. "'아구찜'이라고 적혀 있는 경우가 많아서 매직으로 'ㅣ'를 그으려고." 이 이야기를 들은 뒤로 저는 식당에 갈 때마다 '아구찜'이라고 적힌 메뉴판에 'ㅣ' 한 획으로 화룡점정을 찍는 선생님의 모습이 떠올라서 '아귀찜'이 표준어라는 걸 확실히 외울 수 있었어요.

👀 자, 따라 해 봅시다. <타짜>의 손모가지 그 아저씨도 '아귀'잖아?
아귀찜은 콩나물이 제일 맛있다.

와~ 아구찜 오랜만에 먹는다!
아구찜 (대 / 중 / 소)
아구탕 (대 / 중 / 소)
아구찜 (대 / 중 / 소)
아구탕 (대 / 중 / 소)
이래야 완성이지.
아귀찜

062 (베게/베개) 커버, 얼마나 자주 빨아?

우리가 잘 때 머리 아래에 두고 자는 것을 '베게'라고 할까요, '베개'라고 할까요? '-개'는 어떤 특성을 가진 물건(이쑤시개)이나 음식(찌개), 사람(오줌싸개) 등에 붙는 접미사입니다. **우리가 '베고' 자는 물건의 명칭이니까 '베개'가 맞겠죠?** 사물의 예시를 더 들어 볼게요. 이쑤시개, 지우개, 덮개, 깔개…. 어휴, 많다 많아!

한마디로 어떤 특징이 강조된 사물, 음식, 사람을 뜻하는 단어의 뒷글자가 '-게'인지, '-개'인지 헷갈린다면 모두 '-개'로 쓰면 돼요. '-게'는 명사가 아니라 동사나 형용사에 활용하는 어미거든요. 이 사실만 알고 있으면 앞으로 헷갈리지 않을 거예요. 아, 꽃게는 꽃'게'인 거, 알고 있죠?

자, 따라 해 봅시다. 자네, 베개(얘는 명사고)를 좀 베게(얘는 동사다).

베개 커버, 얼마나 자주 빨아?

내가 '개/게'
쉽게 외우는 법 알아 왔어.
오, 뭔데?
바로,
헷갈리는 단어 뒤에
'새끼'를 붙이는 거야!
새끼
찌개새끼,
베개새끼,
지우개새….
1, 2, 3
야야야, 그만해!
이거 교양서적이라고!

063 김치(찌게/찌개)에 돼지고기 누가 훔쳐 먹음?

'062. 베게/베개'의 연장선으로 이것도 배워 봅시다. 저는 어릴 때 음식 이름이 왜 이렇게 헷갈렸는지 모르겠어요. 특히 국물류 음식인 찌개는 많은 사람이 즐겨 먹는 만큼 불리는 일이 많아서 틀린 맞춤법 표현도 자주 보이기 때문에 더 혼란스러웠던 것 같아요. 여러분도 찌개와 찌게, 헷갈린 적 있지 않나요? 그럴 때마다 찌개와 짝꿍인 '부침개'를 생각하면 돼요. **부침개도 같은 음식인데 '-개'가 붙어 있으니, '찌개'도 '-개'겠구나! 하고 연상할 수 있죠.** 앞에서 설명했던 것처럼 어떤 특성을 가진 사물, 음식, 사람 등의 명칭을 만들 때는 '-개'를 붙이니까요. 순간적으로 헷갈릴 땐, 부침개와 찌개 듀오를 기억하세요!

자, 따라 해 봅시다. 오늘부터 '부찌'는 부대찌개가 아니라 '부침개&찌개' 듀오!
김치찌개에 돼지고기 누가 훔쳐 먹음?

064 (돌맹이/돌멩이)로 끓인 짱돌찌개

새해 시작 곡으로 항상 언급되는 노래가 있습니다. 바로 하현우의 <돌덩이>인데요. 혹시 이 노래를 몰랐다면 꼭 한번 들어보길 바랍니다. 누군가의 새로운 시작에 용기를 불어넣어 주는 노래예요. 조금 딴 길로 샜는데 본론은 이것입니다. 돌덩이보다 더 작은 돌을 뭐라고 할까요? 돌맹이? 돌멩이? **정답은 'ㅔ'를 쓰는 '돌멩이'입니다.** 이걸 왜 이렇게 많은 사람이 헷갈려 할까, 생각해 봤거든요? 그랬더니 어라, '알맹이'라는 단어가 있는 거예요. 뭔가 작은 덩어리를 뜻한다는 점이 비슷해서 그런지 '돌멩이'의 '멩이'와 '알맹이'의 '맹이'가 같을 거라고 생각할 수도 있을 것 같아요. 하지만 서로 관련이 없는 단어랍니다.

그럼 이 '돌멩이'를 어떻게 쉽게 외울 수 있을까요? 앞서 말한 '돌덩이'와 비슷하게 생기지 않았나요?

돌덩이 & 돌멩이

혹시, 이건 좀 억지다~라고 생각했나요? 그러지 마. 선생님

열심히 하잖아…. 약간의 열린 마음과 매직아이로 바라보면 비슷한 모양이 팝! 튀어나올 거예요.

자, 따라 해 봅시다. '돌덩이'의 동생, '돌멩이'를 기억해.
돌멩이로 끓인 짱돌찌개

065 길치라서 좀 (헤멨어/헤메였어/헤맸어)

멩이, 맹이 하나 해결했으니 메, 매에 관해서도 힘차게 알아봅시다. 길을 잘못 들었을 때 '헤메다, 헤메이다, 헤매다' 셋 중 무엇으로 표기하나요? 앞 글자가 '헤'여서 그런지, 뒤에 있는 글자도 'ㅔ' 자음을 써서 '**헤메다**'라고 생각하는 사람들이 많을 것 같아요. **하지만 올바른 표현은 '헤매다'랍니다.** 저는 아래 문장으로 기억해서 외우고 있어요.

> 헤엄쳐서 나오고 싶은데, 매여 있는 그런 상태
> → 헤매다

그럼 '**헤메이다**(헤매이다)'는 언제 쓰는 말일까요? 안 쓰는 말입니다(단호해…). '이'가 단어 사이에 들어갈 이유가 전혀 없거든요. 표준어 '설레다'를 '설레이다'로 잘못 사용하는 것과 같은 오류라고 볼 수 있어요. 가사나 시 속에서 이런 잘못된 표현이 자주 쓰이긴 하는데, 부드러운 느낌을 내기 위한 지은이의 의도적인 오류라고 보면 돼요. 그런 의도가 없는 한, '헤매다'라고 정확히 적으면 됩니다.

자, 따라 해 봅시다. 헤엄쳐서 나오고 싶은데 매여 있는, 그런 상태: 헤매다

길치라서 좀 헤맸어.

6

둘 다 맞는데 잘못 쓰는 말

066 | 매다와 메다

밭을 매다? 메다? 저도 이 '매다/메다'가 안 외워져서 쓸 때마다 검색하곤 했는데, 이제는 그러지 않는답니다. 여러분께 이 둘의 차이부터 알려 주고, 제 암기법도 공유할게요.

먼저 '매다'부터. '매다'의 대표적인 뜻은 '끈, 매듭을 묶다'예요. 예를 들면, '신발 끈을 매다, 목도리를 매다, 사랑에 목을 매다' 등 뭔가 단단히 묶여 있는 상태에 사용할 수 있죠. 또 논밭의 잡초를 뽑는 행위를 의미합니다.

다음은 'ㅔ'를 쓰는 '메다'. 이 단어에도 크게 두 가지 뜻이 있어요. 아무래도 가장 많이 쓰는 뜻은 '어깨에 두르다, 얹다'겠죠? '가방을 메다, 총대를 메다' 등의 문장에 쓸 수 있어요. 다른 뜻으로는 '감정에 복받쳐 소리가 잘 나지 않다'가 있는데요. 혹시 '목이 메다'라는 표현도 들어 보았나요? 보통 감동의 물결이 밀려올 때 목에서 소리가 나오지 않잖아요. 그런 상황을 표현한 말이에요.

자, 각각의 뜻은 알겠는데 어떻게 쉽게 출력하냐고요? **묶는 것, 즉 매듭짓는 것과 관련된 것은 매듭의 'ㅐ'와 같은 모음을 쓰는 '매다'로 쓰세요.** '밭을 매다'라는 표현도 손으로 잡초를 매듭

짓듯 꽉 잡아 무참히 챱챱 뽑아내는 모습을 연상해서 '매다'로 쓰면 해결! **이 외의 표현은 '메다'를 쓰면 되겠습니다.** 가방을 어깨에 얹는 것도 '메다', 목소리가 안 나는 상황도 '메다', 안드로메다도 '메다'….

자, 비교해 봅시다.

매다	1) 끈, 매듭을 묶다 2) 논밭의 잡초를 뽑다
메다	1) 어깨에 두르다, 얹다 2) 감정에 복받쳐 목소리가 잘 나오지 않다 3) 책임을 지거나 임무를 맡다 (→ 어깨에 부담감이 얹어졌다고 생각하세요!)

밭을 매고 가방을 메다.

그래서!
목'메다'를 쓸 땐
조심해야 해.
주의
'목메다'라고 쓰면, 목이 마르거나
갈라진 상태를 뜻하지만
'목매다'라고 쓰면,
목에 끈을 묶는 것과 관련된
표현이 되거든.

067 | 맞히다와 맞추다

여러분, 시험 하나가 끝나고 나면 정답을 '맞혔는지' 친구 답과 '맞춰' 보지 않아요? '맞히다'와 '맞추다'도 두 단어가 사용되는 맥락이 다른데 그 사실을 전혀 모르는 사람이 많더라고요. 얘네가 가운데 모음이 'ㅣ'와 'ㅜ'로 달라서 소리도 많이 다르거든요? 틀린 맞춤법 좀 아는 사람들은 일상생활에서 상당히 거슬려 하는 포인트라는 건 안 비밀.

'맞히다'는 무언가에 적중을 했을 때 쓰는 말이에요. 예를 들면 정답에 적중했을 때(정답을 맞히다), 과녁에 적중했을 때(과녁에 맞히다)! 뭔가에 딱 꽂혔을 때 있잖아요? 그럴 때 쓰는 표현. 적중시키고 나서 '히히히' 웃는 양궁 선수의 모습을 생각하면 외우기 쉬울 거예요.

'맞추다'는 비교 대상을 두고 맞대어 보며 비교할 때 주로 쓰여요. 예를 들면 퍼즐 조각을 대 볼 때(퍼즐을 맞추다), 옷의 사이즈를 몸에 맞게 할 때(맞춤 옷), 2개가 조화를 이룰 때(톤을 맞추다)! 상황이 좋은 방향으로 딱딱 맞아떨어졌을 때 '안성맞춤'이라고 하잖아요? 그 '맞춤'이 이 '맞춤'입니다! (참고로…'입맞춤'도 이 '맞춤')

CC 자, 비교해 봅시다.

맞히다	1) 문제의 답을 틀리지 않다 2) 물체를 던져서 닿게 하다 → '맞다'의 사동사
맞추다	1) 서로 떨어진 대상끼리 대어 붙이다 2) 둘 이상의 대상을 나란히 비교하다 3) 둘 이상의 대상이 조화를 이루다

정답을 맞혔는지 친구와 맞춰 볼 거야.

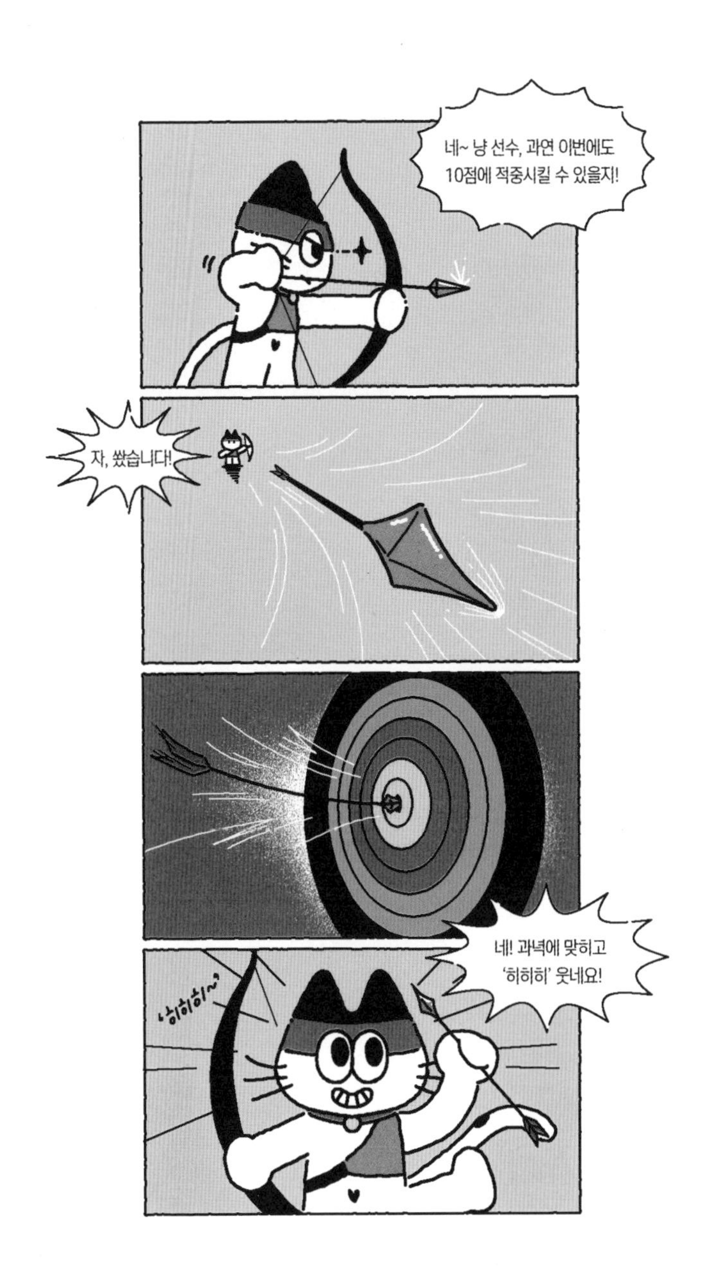
네~ 냥 선수, 과연 이번에도
10점에 적중시킬 수 있을지!
자, 쐈습니다!
네! 과녁에 맞히고
'히히히' 웃네요!
'히히히~'

068 | 다르다와 틀리다

사람들이 '다른' 것을 '틀리다'라고 말하는 경우를 본 적 있죠? 특히 50~60년대 출생 어르신들이 '다르다'를 써야 할 상황에 '틀리다'를 많이 사용하세요. 과거에는 지금보다 더 많이 섞어서 썼나 봐요.

그럼 각각의 단어가 어떤 뜻인지 짚어 볼까요? **'다르다'는 대상들끼리 같지 않을 때 쓰고, '틀리다'는 정답과 맞지 않을 때 씁니다**. 따라서 '다르다'는 옳고 그름이 없는 상황에, '틀리다'는 옳고 그름이 있는 상황에 사용해요. 이렇게 말하니 감이 잘 안 오죠? 아래의 잘못된 용례를 보면서 오지 않는 감을 불러 봅시다.

- 이 공책은 전에 쓰던 것과 색깔이 틀리다. (×)

  → 색깔에는 정답이 있는 것이 아니므로, '다르다'를 써야 함
- 너희는 쌍둥이지만 생긴 게 틀리네? (×)

  → 생김새에는 정답이 있는 것이 아니므로, '다르다'를 써야 함
- 너랑 나랑은 생각이 틀려. (×)

  → 네 생각과 내 생각에는 정답이 없으므로, '다르다'를 써야 함

이제 슬슬 어떤 느낌인지 알겠죠. 보너스로 다른 점 하나 더! '다르다'는 두 대상 간의 비교를 전제로 하기 때문에, 항상 대상이 2개 이상 등장합니다. '이 공책은 전에 쓰던 것과(이 공책과 그 공책)', '너희는(2명)', '너랑 나'처럼요. 요즘같이 다양성을 존중하는 시대에 '다른' 것을 '틀리다'라고 말하면 사고방식이 편협한 사람으로 오해받기 십상입니다!

CC 자, 비교해 봅시다.

다르다	비교되는 대상끼리 서로 같지 않다
틀리다	옳지 않다, 사실과 맞지 않다

네가 내놓은 답이 틀리더라도, 너와 나는 다를 뿐이야.

069 | 가르치다와 가리키다

'가르치다'와 '가리키다', 이 친구들은 예로부터 아주 유서 깊게 섞어 쓰는 단어 세트죠. 특히 '가르치다/가리키다' 기본형 외에도 네 글자를 그럴듯하게 새로 조합한 '가리치다, 가르키다' 등 끔찍한 혼종(?)도 사용되고 있는데요. 각각 어떤 상황에서 쓰는지 정확히 알아봅시다.

'가르치다'는 교육, 선생님과 관련된 단어입니다. 지식이나 정보, 기술 등을 전수할 때 쓰기도 하고, 훈계를 하거나 잔소리할 때 사용되죠. '가리키다'는 손가락과 방향에 관련된 단어예요. 대상을 딱 짚어 주거나 시선을 집중시킬 때 쓰는 말이거든요. 예문으로 비교해 볼까요?

- 어제 가르쳐 준 대로 해 보자. (교육)
- 저 분이 가리킨 방향대로 가 보자. (방향)
- 내가 한 수 가르쳐 주지! (교육)
- 시계가 10시 10분을 가리키고 있어. (지시)•

• 시계가 시간을 알려 주고 있으므로 "'가르치다'를 쓰지 않을까?"라고 생각할 수도 있지만, 아날로그 시계의 침이 숫자를 '가리키고' 있는 모습에서 파생된 표현이므로 '가리키다'를 사용한다.

에이, 알고는 있는데 순간순간 헷갈린다고요? 그럼 또 팁을 알려 줘야지.

> 나를 치는 사람에겐 예절을 가르치고
> 우리 중 키 큰 사람은 손으로 가리키고

'문장 외우기가 더 힘들겠네!'라고 생각했나요? 다 들켰지 뭐. 나라도 그렇게 생각할 것 같아. 그래도 단순 암기보단 맥락이 있는 이런 문장이 훨씬 잘 떠오르거든요? 익숙해지기 전까지는 이런 암기법을 사용하는 걸 추천합니다. 이렇게 연습하다 보면 나중에는 바로바로 딱딱 맞는 맞춤법이 보일 거예요!

자, 비교해 봅시다.

가르치다	지식이나 정보, 기술을 알려 주다
가리키다	손가락 등으로 방향이나 대상을 집어서 알리다

가리킨 방향대로 가라고 그 분이 가르쳐 줬어.

070 | 로서와 로써

046, 047에서도 다뤘던 '로서'와 '로써' 세트! 얘네는 좀 특이해요. 맞춤법이 헷갈리는 다른 단어들은 틀렸는지도 모르고 사용하는 경우가 많아요. 그런데 '로서'와 '로써'는 '이게 맞나? 저게 맞나?'하면서 뭐가 맞고 틀린지를 고민하는 사람들이 많단 말이죠. 그래서 한 번 더 다뤄 보려고 해요.

> 지위, 자격에는 서는 거니까 '로서'
> 수단, 방법은 써야 하는 거니까 '로써'

'(으)로서'는 바로 앞에 오는 명사가 지위, 신분, 자격일 때 쓴다! '(으)로써'는 앞에 오는 명사가 수단과 방법일 때 쓴다!• 다시 말하자면 앞말이 사람이면 '로서'를 쓰고, 사물이면 '로써'를 쓰는 방법은 100퍼센트 정확하진 않아요. 살다 보면 사람이 수단으로 쓰여서 '로써'를 쓰는 경우도 있고, 사물이 지위를 가져서 '로서'를 쓰는 경우도 있거든요! 무턱대고 단어 하나로 판단하지 않고, 문맥을 파악하는 게 중요합니다.

• 더 자세한 설명과 예문은 046, 047을 참고하길.

자, 비교해 봅시다.

로서	앞 단어가 지위나 신분, 자격임을 나타내는 조사
로써	앞 단어가 수단이나 도구임을 나타내는 조사

떡볶이 마니아로서 밀로써 만든 떡이 낫다고 강력히 주장할게.

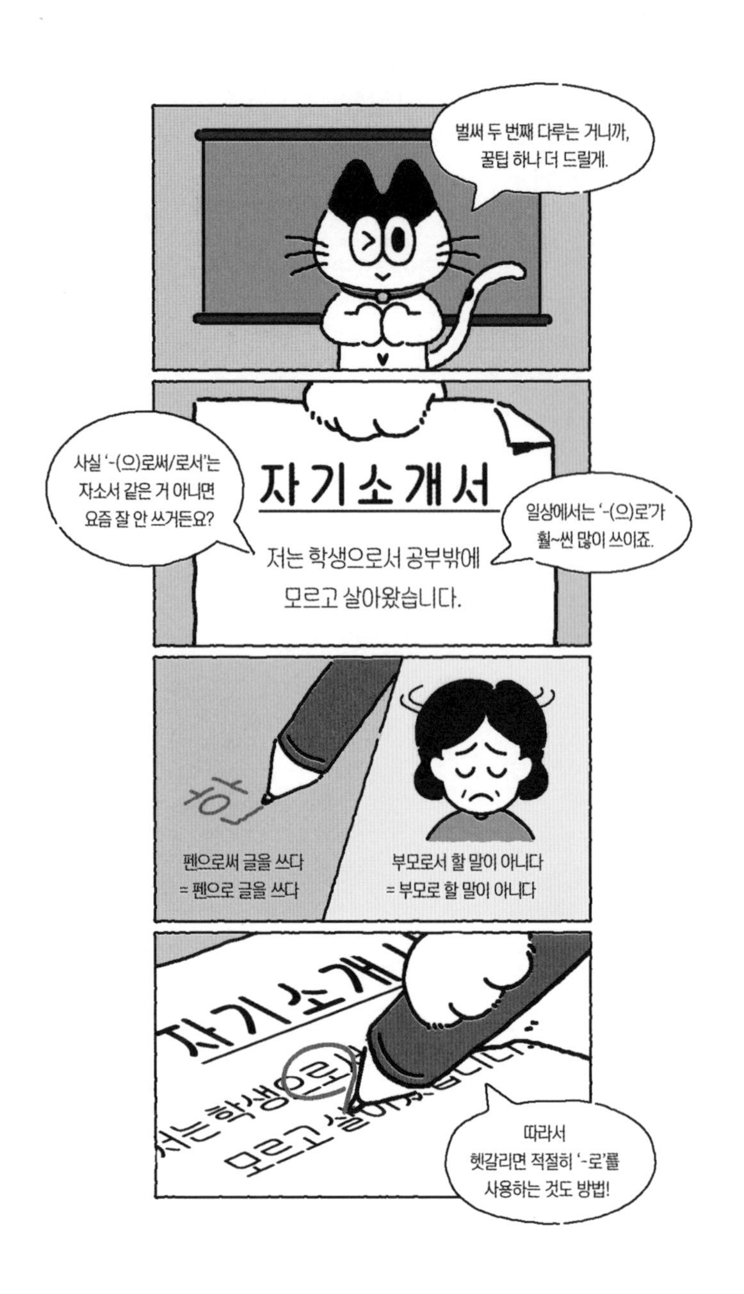
벌써 두 번째 다루는 거니까,
꿀팁 하나 더 드릴게.
사실 '-(으)로써/로서'는
자소서 같은 거 아니면
요즘 잘 안 쓰거든요?
자기소개서
저는 학생으로서 공부밖에
모르고 살아왔습니다.
일상에서는 '-(으)로'가
훨~씬 많이 쓰이죠.
펜으로써 글을 쓰다
= 펜으로 글을 쓰다
부모로서 할 말이 아니다
= 부모로 할 말이 아니다
따라서
헷갈리면 적절히 '-로'를
사용하는 것도 방법!

071 | 어떻게와 어떡해

'어떻게'와 '어떡해'도 친구와 메시지를 나누다 보면 꼭 보이는 맞춤법 혼동 세트입니다. 두 표현의 소리와 생김새가 비슷해서 벌어지는 일인데, 각각의 쓰임을 정확히 알고 나면 헷갈릴 일이 없답니다.

'어떻게'는 기본형 '어떻다'가 부사로 활용된 형태입니다. 우리가 흔히 사용하는 '예쁘게, 멋있게, 맛있게' 등, 어미 '-게'가 붙은 단어들과 마찬가지로 다른 말을 꾸며 주는 역할을 합니다.

예쁘게 입어	→	어떻게 입어
멋있게 해	→	어떻게 해
맛있게 먹어	→	어떻게 먹어

위 박스를 보면 각각의 자리에 모두 '어떻게'가 들어가도 어색하지 않은 것을 확인할 수 있어요. 기본적으로 '-게'가 붙은 부사어는 뒤에 오는 동사나 형용사를 수식하기 때문에, 문장 중간에 들어가는 경우가 많습니다.

'어떡해'는 '어떻게 해'의 줄임말입니다. 생김새부터가 그래 보이죠?

어떻게 해 = 어떡해

그러면 우리는 '어떡해'를 문장 끝에만 사용할 수 있다는 사실을 유추할 수 있죠. 왜냐하면 '-해'라는 표현이 '예쁘게 해, 멋있게 해, 맛있게 해'처럼 문장을 마치는 형태니까요. 글을 쓰다가 헷갈릴 때 다른 부사어로 대체해 보고 어색하지 않으면 '어떻게', 문장 끝에 온다면 '어떡해'를 사용하면 되겠네요!

자, 비교해 봅시다.

어떻게	'어떻다'의 부사형 활용, 문장 중간에 올 수 있다
어떡해	'어떻게 해'의 줄임말, 문장 끝에만 올 수 있다

이거 어떻게 쓰는 건지 안 알려 주면 어떡해?

문장 중간에는 '어떻게',
문장 끝에는 '어떡해'를 쓰면
된다는 거지?
응, 얼추
맞긴 한데,
'어떻게'가 문장 끝에
올 수도 있거든.
어? 그래?
어떻게?
방금 네가 한 말처럼
부사어 단독으로 의문형일 때.
그리고….
…
감히 네가 어떻게…!
이렇게
말잇못일 때.

072 | 부수다와 부시다

'부수다'와 '부시다', 얘네는 서로 딱 모음 하나 다르네요. 이 둘은 기본형도 헷갈리는데 '부숴'와 '부셔'를 구별 없이 쓰는 경우가 더 많더라고요. 일단 단어 각각의 뜻을 먼저 살펴볼까요?

'부수다'는 영어로 하면 크러시(crush). '다 때려 부순다'의 그 '부수다'죠. 어떤 대상을 작살내(?) 버리는 것을 '부수다'라고 합니다. **그럼 '부시다'는요? 강렬해서 눈 뜨고 볼 수 없을 때 이 단어를 씁니다. 보통 '눈이 부시다'라는 표현을 통으로 쓰잖아요?** 자, 여기까지 파악했으니 쉽게 외우는 방법을 알려 줄게요.

> 세게 맞아 깨져서 가루가 우수수 떨어지는 모습: 부수다
> 강렬한 빛에 눈이 시린 모습: 부시다

제가 《경선식 영단어》* 세대라 그런지…. 이런 이미지 연상법이 편하네요. 아무튼 모로 가도 서울만 가면 된다고, 여러분이 옳은 맞춤법을 쓸 수 있다면 이런 억지 암기도 오케이! 잘 따라오고 있나요? 이제 심화로 들어갑니다. 두구 두구 두구…. 드디어 활용형!

---

* 2000~2010년대를 풍미했던 영어 단어 책. 그림으로 영어를 암기하는 방법을 알려 준다.

부수- + -어	→	부숴
부시- + -어	→	부셔

'부수다'의 어간인 '부수-'를 남기고, '-어'를 붙이면, '부수어', 여기에 모음까지 합쳐 줄이면 '부숴'라는 결과물이 나옵니다. '부시다'도 같은 과정을 거쳐서* '부셔'가 되죠. 일상에선 '부숴'를 '부셔'로 잘못 쓰는 경우가 많은데요. 아무래도 이 현상에 도움을 준 것이 라면 과자 '뿌셔뿌셔'가 아닐까~하는 합리적 의심. '뿌셔뿌셔'를 표준어로 고치면 '부숴부숴'입니다. 이름을 이렇게 바꾸니 교양은 추가되었을지 몰라도, 귀여움은 빠졌네요.

참고로 '부서뜨리다', '부서지다'는 '부서'를 사용해요. '부수다'의 활용형이 아니라 한 단어로 국어사전에 등재되어 있거든요.

자, 비교해 봅시다.

부수다	어떤 대상을 부수어 쪼개다
부시다	빛이나 색이 강렬해서 눈을 똑바로 뜨기 어렵다

지구 부술 만큼 귀여운 당신, 눈부셔…☆

* 'ㅣ'와 'ㅓ'를 이어서 빠르게 발음해 보라. 'ㅕ'처럼 소리가 난다. 모음의 축약이라는 음운 변동 현상인데…(지루하니 중략).

073 | 이따가와 있다가

발음이나 생김새뿐만 아니라 뉘앙스까지도 비슷해서, 정확한 차이를 이해하지 못하면 끝까지 헷갈리는 단어들이 있습니다. '이따가'와 '있다가'가 바로 그런 애들인데요. **'이따가'는 '나중에'라는 시간과 관련된 의미를 가진 부사어입니다. 그런데 '있다가'는 동사 '있다'에 '-다가'라는 어미가 붙어 활용된 형태거든요.** "이거 먹다가 가자, 구경하다가 살 거야"처럼요. 눈치 빠른 친구들은 슬슬 느낌 올 거예요. 차이점이 뭔지.

자자, 아직 모르겠다고요? 예문 세트로 알아봅시다.

- 이따가 가자 = 나중에 가자
- 여기 있다가 가자 = 여기서 머물다가 가자

- 이따가 전화할게 = 나중에 전화할게
- 집에 있다가 전화할게 = 집에서 머물다가 전화할게

- 이따가 먹을래 = 나중에 먹을래
- 좀 있다가 먹을래 = (여기서) 뭉그적거리다가 먹을래

'이따가'는 시간과 관련된 표현이고, '있다가'는 물리적 장소

에 관련된 표현이라는 점! 그러니까 '이따가'는 시간 표현인 '나중에'로 대체될 수 있는데, '있다가'는 바꿀 수 없죠. 물리적으로 '그 장소에 존재하다가'라는 뜻이니까요. **이 둘을 구별하는 또 다른 특징이 있는데, '이따가'는 대부분 앞에 아무런 말도 오지 않고 단독으로 쓰인다는 점!** "여기서 있다가 갈게, 1시간 있다가 갈게, 조금 있다가 갈게" 등 앞에 무언가 있으면 '있다가'를 쓰고, "이따가 뵙겠습니다, 이따가 청소할게" 등 앞에 아무것도 없는 경우 '이따가'를 쓰면 대부분 맞아요. 이따가 외운다고 미루지 말고, 지금 이 차이를 확실히 알아 두면 편할걸요?

자, 비교해 봅시다.

이따가	조금 지난 뒤에, 나중에
있다가	'있다'의 활용형

이따가 영화관 갈 건데, 여기 있다가 가려고.

074 | 애들과 얘들

여러분은 친구들과 있는 단톡방에서 어떤 말로 대화를 시작하나요? 저는 10년 전이나 지금이나 "야, 얘들아ㅋㅋㅋㅋ"로 시작합니다. 이처럼 친구들을 부를 때 쓰는 말이 '애들'인지 '얘들'인지 헷갈려 하는 사람들이 많은데요. 얘넨 생각보다 간단해요. 그래서 딱 한 번만 설명을 읽어도 구별이 가능할 거예요.

'애들'은 '아이들', '얘들'은 '이 아이들'의 준말입니다.• '이'라는 지시 관형사가 있고 없고의 차이죠. 우리가 '이'를 언제 쓰느냐? 내 시야에 가까이 있는 대상을 지칭할 때 쓰거든요. 그러니까 나랑 가까이 있는 아이들을 부를 땐 "이 아이들아", 즉 "얘들아"로 쓰는 게 맞는 것! 그럼 '애들'은 어디에 쓸까요? "그 집 애들 귀여워, 애들은 금방 커" 등 단순히 아이들을 지칭할 때 쓰면 됩니다. 앞으로 친구들한테 말을 걸 땐, 가까운 거리감을 팍팍 티내면서 "얘들아~"라고 불러 주세요.

• '이 아이들'의 '이 애(아이)'를 빠르게 이어 읽어 보면, '얘'와 같은 발음이 된다.

자, 비교해 봅시다.

애들	아이들
얘들	이 아이들, '얘들아'라고 부를 때 사용

얘들아, 옆 학교 애들이 같이 놀재.

075 | 꼽다와 꽂다

'꽂다'를 써야 할 자리에 '꼽다'를 쓰는 경우도 흔해요. 이는 동사를 잘못 쓰고 있는 것이어서, 마치 '치킨을 먹다'라고 하지 않고 '치킨을 하다'라고 하는 것과 같은 경우라고 보면 됩니다. 모두가 틀리니까 나도 틀려도 괜찮다는 생각은 접어 두고, '꼽다'와 '꽂다'의 차이를 알아봅시다!

'날을 손꼽아 기다리다'라는 표현, 들어봤죠? '손꼽아'의 '꼽다'가 이제 설명할 바로 그 '꼽다'인데요. 손가락을 하나씩 접어 가면서 숫자를 세는 걸 '꼽다'라고 합니다. 또 하나를 딱 골라서 지목하는 것도 '꼽다'라고 해요. 예를 들면 '야식계의 최강자로 치킨을 꼽다'라는 문장처럼 말이죠. 그리고 또 뭐가 있을까…. 아! 누군가를 미워할 때 사용하는 '아니꼽다'에도 '꼽다'라는 글자가 포함되어 있네요.

그래서 '콘센트에 코드를 꼽다', '귀에 이어폰을 꼽은 사람'이라고 쓰면 어색한 문장이 되는 거예요. 이 경우에는 '꼽다'가 아닌 '꽂다', '꽂은'을 써야 합니다. 뭔가에 끼워서 고정하는 행위를 의미하는 것은 '꽂다'거든요. 발음부터 [꼽따]와 [꼳따], [꼬븐]과 [꼬즌]으로 같지 않으니, 말할 때도 구별해서 사용하려는 노력이 필요하겠죠? 맞잘알은 거저 되지 않는답니다.

자, 비교해 봅시다.

꼽다	1) 숫자를 세려고 손가락을 헤아림 2) 특정 대상을 골라 지목함
꽂다	빠지지 않게 끼워서 고정함

손꼽아 기다린 통장에 월급 꽂히는 날.

076 | 웃옷과 윗옷

혹시 이 글을 읽는 당신, '웃옷'과 '윗옷'의 차이를 알고 있나요? 어휘력이 뛰어나다고 자부하던 사람도 이 차이를 정확히 아는 경우는 잘 못 봤거든요. 제가 수업을 하면서 퀴즈를 냈을 때 맞힌 고등학생이 한 명도 없었거든요(지금 돌이켜 보니 귀찮아서 대답을 안 했을 수도 있겠다는 생각이…). 특히나 쇼핑몰 창업을 준비하고 있는 친구가 있다면 이번 수업은 꼭 체크해 두세요.

'웃-'과 '윗-'은 둘 다 '위'라는 뜻을 더하는 접사예요. 아, 전문용어(?)가 들어가니까 좀 어렵다고요? 쉽게 설명하자면 그냥 얘네가 앞에 붙으면 '위'라는 느낌이 한 방울 들어간 단어라고 생각하면 됩니다. 여기까지 읽은 여러분은 생각할 거예요. "그럼 '웃옷'과 '윗옷' 둘 다 '위에 입는 옷'으로 똑같은 뜻 아닌가?"

흠, 맞는 말이기도 하고 아니기도 하고! **'웃옷'은 겉옷. 요즘 말로 아우터(outer)를 의미하고 '윗옷'은 상의, 티셔츠 같은 탑(top) 종류를 뜻해요.** 그러니까 '웃옷'은 겉으로 드러난 가장 바깥쪽의 옷을 의미하는 거고, '윗옷'은 '아랫옷(하의)'에 대립되는 말로 쓰이는 거죠.

'웃-'은 위/아래 개념이 없을 때, '윗-'은 대립하는 아래의 개

념이 있을 때 쓰거든요? 입술이나 치아의 경우에도 '아랫니, 아랫입술'이라는 위·아래 개념이 있기 때문에 '윗-'을 써서 '윗니, 윗입술'이라고 합니다. 반면 '웃-'은 '웃돈, 웃어른'과 같이 대립되는 아래 개념이 없는 말에 붙입니다. 겨울에 입는 겉옷은 전부 상의만 있으니 '웃옷'이라고 하는 것이죠. 이제 '웃옷'과 '윗옷'의 차이, 알겠죠?

자, 비교해 봅시다.

웃옷	맨 바깥쪽에 입는 겉옷, 외투(아우터)
윗옷	'아랫옷'인 하의와 대립되는 개념, 티셔츠, 맨투맨, 후드 같은 상의

웃옷을 입었더니 윗옷이 다 가려지네.

'웃어른'은 아랫어른이란
개념이 없으니까 '웃-'을 쓰잖아?
그렇지?
윗?
웃?
그럼 사람은?
윗사람이야, 웃사람이야?
우리나라에선 나이로 따지면
사람엔 위아래가 있지.
'장유유서'라는 개념도 있잖아.
그럼 윗사람이겠네!
그렇지.

077 | 결제와 결재

아직 사회생활을 시작하지 않은 학생 친구들은 생소한 개념일 수 있는데, 으-른들의 사회에는 '결재'라는 게 있답니다. 직장 같은 조직에는 상사와 부하가 존재하는데요, 상사가 더 권한이 셉니다. 그래서 **부하 직원이 처리한 일들을 상사가 확인하는 과정이 존재하는데, 이 확인을 결재라고 해요**. 그런데 **일상에서 뭔가를 살 때 금액을 지불한다는 뜻의 '결제'**와 발음이 비슷해서 헷갈리거든요. '결제'를 써야 할 곳에 '결재'를 쓰고, '결재'를 써야 할 곳에 '결제'를 쓰는 거죠. 특히 회사에서 결재를 밥 먹듯이 하는 임원들도 이 맞춤법을 틀리는 경우가 꽤 있답니다. 아니, 얼마나 헷갈리면 어른들도 틀릴까? 그래서 쉽게 외우는 법 나가요~

제가 살게요! → 결제
회사 일은 재가 한대요 → 결재

기분 좋게 사는 결제는 나도 할 수 있으니까 "제가 살게요" 소리가 절로 나오죠. 그런데 결재와 같은 회사 일은 최대한 적게

하는 게 좋으니 "재가 한대요"라며 남에게 미루는 모습을 상상하면 됩니다. 각각 '제'와 '재'에서 '결제'와 '결재'를 연상하는 거죠. 어때요, 참 쉽죠?

자, 비교해 봅시다.

결제	뭔가를 사면서 금액을 지불함
결재	상관이 부하의 제출안을 확인, 승인함

(상사에게) 거래처 결제 영수증, 결재 올리겠습니다.

이 책 지은이의 주변 이야기.
나 이번에 소개팅했는데, 약간 정 떨어져.
왜? 맘에 든다더니.
아니, 톡으로 회사 얘기를 하는데 자꾸 '결재'를 '결제'라고 쓰는 거야~
계속 신경 쓰여….
그럼 곧 여행가겠네~ 휴가는 냈어?
아, 내일 휴가 결제 올리려고~
또 그거에 꽂혔구만!
실화입니다.

심화편

일상편을 끝냈다면 이제 심화편이다!
맞.잘.알.끼리는 알음알음 공유한다는 바로 그 맞춤법,
여러분께 공개합니다.

1

배운 사람만 아는 외래어 표기법

들어가기 전에

빵(Pão), 케이크(cake), 돈가스(豚カツ)

위 단어들의 공통점이 뭘까요? 아, 먹는 거라는 점 빼고요. 머릿속에 떠오르는 걸 예시로 들다 보니 그렇게 됐는데(츄릅) 그 점은 무시해 주세요.

예시의 세 단어 모두 외국에서 쓰던 말들을 한글로 표기한 거라는 공통점이 있습니다. 일상생활에서 익숙하게 사용하다 보니 외국어였다는 점을 인식하지 못할 뿐, 우리나라에선 존재하지 않던 단어들이 외국과의 교류로 들어온 것이잖아요? 매번 다른 나라 언어로 표기하기 번거로우니 우리가 쓰는 자음 모음으로 표기하기 시작한 거예요.

이 외국어를 한글로 표기하는 데에도 약속이 필요하겠죠? 자기 맘대로 막 바꿔서 쓰다가는 서로 알아듣지 못할 수 있잖아요. 예를 들면 'Computer'라는 글자를 누구는 '콤퓨터'라고 쓰고, 누구는 '컴퓨럴'이라고 쓰고, 누구는 아예 자기만의 표기법이 있다면서 '31513162120518'이라고 써 버리면 세 사람이 원활하게 대화할 수 없겠죠. 그래서 외국어(외래어)[●]를 표기할 때 지켜야 할 규칙을 정리한 게 '외래어 표기법'이에요. 이 표기법은 당연히 맞춤법에 포함되고요. 진짜 맞춤법 고수들은 이것까지 꼼꼼하게 체크하거든요. 맞잘알 꿈나무들이 보는 바로 이 책에서도 이 부분을 놓칠 수 없죠.

사실 이 부분을 다룰 때 표기법 규정을 처음부터 끝까지 알려 주고 시작할까 생각했는데요. 그렇게 되면 제가 설명하긴 편하겠지만 재미없고 지루하고 헷갈리거든요. 이 책이 국어 교과서도 아니고…. 그래서 자주 쓰이고 자주 틀리는 몇 개만 골라서 알려 주려고 해요. 이 흐름에 몸을 맡겨 주세요!

● 우리말로 적을 수 있으면 우리말 단어로 적는 것이 가장 좋겠으나, 외국어 발음을 그대로 살려서 한글로 적는 경우도 많다.

078 | (화이팅/파이팅)해야지

우리나라에서 친구를 응원할 때 쓰는 가장 흔한 표현이 뭘까요? 힘내라 힘? 아자아자? 아리아리? 아니잖아요. 우리 솔직히 'fighting'이라고 많이 쓰잖아요. 미국에서는 응원의 의미로 쓰이는 단어가 아니라지만, 이것만큼 기세 넘치는 표현이 없다고!

fighting을 한글로 쓸 때 '화이팅'이라고 쓰는 사람이 많아요. 친구에게 간단히 메시지를 보낼 때도 'ㅎㅇㅌ!'이라고 하고. 그런데 말이죠, **'fighting'은 외래어 표기법에 따라 '파이팅'이라고 적는 게 맞습니다**. 외래어 표기법에는 '국제 음성 기호와 한글 대조표'[•]가 있는데 각 외국어 발음에 대응하는 한글 자모를 정해 둔 표예요. 이 표에 'f'에는 우리나라 자음 'ㅍ'을 쓰라고 정해져 있어요.

국제 음성 기호	한글	
	모음 앞	자음 앞 또는 어말
f	ㅍ	프

• 외래어 표기법 제2장 국제 음성 기호와 한글 대조표, 부록에 수록.

fighting의 발음을 국제 음성 기호로 표기하면 [faɪ.tɪŋ]이거든요. 여기 이 f를 'ㅍ'으로 바꿔서 '파이팅'이라 쓰는 거죠. 발음 기호까지 안 가도 됩니다! 우리 영어 지문에서 'fight'라는 글자를 봤을 때 [파이트]라고 읽지 [하이트]라고 읽지 않잖아요? 아니 그럼 도대체 '화이팅'은 어디서 나온 거야? 일본에서 'fighting'을 '화이토(ファイト)'라고 읽거든요. 그 일본식 발음이 넘어온 것이 아닐까라는 추측이 있습니다. 이제 친구한테 응원하는 메시지를 보낼 때에는 'ㅎㅇㅌ!' 말고 'ㅍㅇㅌ!'

자, 정리해 봅시다.
[f] 소리는 'ㅎ'이 아닌 'ㅍ'으로 쓰세요.
화이팅 아니고 파이팅, 후라이드 치킨 아니고 프라이드 치킨, 화일 아니고 파일, 호일 아니고 포일.

079 | 그래서, 핵심 (메세지/메시지)가 뭔데?

영어 단어 'message'는 다양한 곳에서 쓰입니다. 휴대폰으로 보내는 문자를 뜻하기도 하고, 글자가 담고 있는 주제를 의미하기도 하고, 그냥 말 그 자체를 의미하기도 하죠. **이걸 '메세지'라고 쓰는 사람이 많은데요. '세'가 아닌 '시'를 써서 '메시지'가 맞습니다**. 앞의 파이팅 사례와 똑같이 대조표에 따라 적기 때문인데요. message를 발음 기호로 나타내면 [mes·ɪdʒ]가 되고, 발음 기호 [ɪ]는 모음 'ㅣ'로 대치되어 '메시지'라는 글자 조합이 완성! 우리가 'image'를 '이메지'가 아닌 '이미지'라고 적는 것과 같은 원리입니다. 이미 '메세지'가 익숙하겠지만 '메시지'가 message의 발음을 더 잘 반영하고 있으니 오늘부턴 올바른 표현으로 써 보자고요!

자, 정리해 봅시다.

'이'로 소리나는 것은 'ㅔ'가 아닌 'ㅣ'로 쓰세요.

메세지 아니고 메시지, 소세지 아니고 소시지, 타겟 아니고 타깃, 레포트 아니고 리포트, 바베큐 아니고 바비큐.

*외우기 위한 방법으로 개인의 선호와는 무관합니다 ^^;;

080 나이X랑 스투X의 (콜라보/컬래버)

예전에 제가 진짜 가지고 싶었던 신발이 있었는데요, 나이X와 스투X라는 브랜드가 같이 만든 신발이었어요. 둘 다 제가 좋아하는 브랜드였고 디자인도 마음에 들어서 사고 싶었는데, 역시 사람 보는 눈은 다 똑같아…. 인기가 많아서 물건을 구할 수가 없는 거예요. 지금도 리셀가 100만 원이 넘어가네. 참나. 아, 또 삼천포로 샜군요.

아무튼 브랜드 상품, 연말 무대, 전시회 등 많은 분야에서 서로 다른 두 주체가 공동으로 작업하는 것을 'collaboration'이라고 합니다. 국내에서도 이런 경우가 많아지면서 편하게 한글로 쓰고 있는데요, 대부분이 고정관념• 그대로 '콜라보레이션, 콜라보'라고 적어요. 이는 맞춤법에 맞지 않는다는 사실! 외래어 표기법의 가장 중요한 원칙은 원어의 발음을 최대한 살리는 겁니다. 이 단어를 인터넷에 검색해서 발음을 들어 보면, '콜.라.보.레.이.션.'이라고 하지 않아요. 오히려 '컬래버레이션'에 가깝습니다. **이런**

• 우리나라 사람들은 실제 발음은 생각하지 않은 채 알파벳만 보고 'o=ㅗ, a=ㅏ'라고 생각하는 경향이 짙다.

원칙에 맞게 collaboration을 컬래버레이션, 줄여서 컬래버로 쓰는 게 바람직합니다.

> 자, 정리해 봅시다.
>
> 콩글리시가 아니라 원어의 발음을 중요시해 주세요.
>
> 콜라보 아니고 컬래버, 할로윈 아니고 핼러윈, 팜플렛 아니고 팸플릿, 레오나르도 디카프리오 아니고 리어나도 디캐프리오.

081 이 (아이섀도우/아이섀도), 어디 거야?

요즘에는 화장품을 살 때 인터넷에 검색해서 뷰티 인플루언서들의 발색 숏을 꼼꼼히 보고 사잖아요. 봄 웜이니 여름 쿨이니 퍼스널 컬러도 따지고요. 특히 눈에 사용하는 색조 화장품 'eyeshadow'는 한 번 사면 오래 쓰기 때문에 내 얼굴에 잘 맞는 걸로 사야겠더라고요.

이 eyeshadow도 대체할 우리나라 말이 딱히 없어서 외래어 표기법을 적용하는데, 브랜드나 판매점에서는 '아이쉐도우, 아이섀도우' 등으로 쓰고 있습니다. 하지만 해당 표현은 맞춤법에 맞지 않아요. 대조표에 [oʊ]는 '오'로 적는다고 되어 있기 때문![•] '오우'라는 긴 소리가 난다고 해서 장음까지 살리지는 말라는 거죠. 실제 영어 발음도 '오우'처럼 길게 나지 않더라고요. 따라서 **eyeshadow는 꼬리 떼고 '아이섀도'로 적으면 되겠습니다**.

앗, 그런데 왜 '쉐도'가 아니라 '섀도'냐고요? 날카로운 질문이었어요. 아주 좋아요. 그건 다음 장에 알려 줄게요.

• 외래어 표기법 제3장 제1절 제8항.

자, 정리해 봅시다.

[oʊ]는 생각보다 긴 소리가 아니니 '오'로 적으세요.

아이섀도우 아니고 아이섀도, 레인보우 아니고 레인보, 윈도우 아니고 윈도, 옐로우 아니고 옐로.

082 오늘 피자는 (쉬림프/슈림프) 토핑으로

한국의 공무원 준비생들이 한 피자집을 한마음 한뜻으로 원망했던 사건을 알고 있나요? 바야흐로 2016년, 9급 공무원 시험 국어 영역에서 새우를 뜻하는 영단어 'shrimp'의 우리말 표기법을 묻는 문제가 나왔는데요. 당시에는 대부분의 피자집에서 새우 피자를 '쉬림프 피자'라고 광고하고 있었거든요. 피자 브랜드를 믿었던 공시생들은 shrimp를 '쉬림프'라고 확신하고 문제를 풀었는데 여기서 문제가 발생합니다. **shrimp를 외래어 표기법에 맞게 적으면 '슈림프'거든요!** 피자 브랜드의 광고를 보고 문제를 틀린 공시생들이 들고일어났고, 이 일이 인터넷에서 소소하게 논란이 됐답니다.

그런데 왜 '쉬림프'가 아니라 '슈림프'로 표기할까요? 외래어 표기법에는 자음 앞의 [ʃ]는 '슈'로 적으라는 조항•이 있기 때문입니다. shrimp의 'sh'에 해당하는 발음 기호가 [ʃ]거든요. 자음 'r'의 앞에 있으니 표기법에 따라 '슈'라고 적는 거예요.

• 외래어 표기법 제3장 제1절 제3항.

자음 앞의 [ʃ]를 '슈'라고 적는다면, 모음 앞의 [ʃ]는 어떻게 표기할까요? 앞에서 설명하지 않고 미뤄 두었던 '아이쉐도'가 아니라 '아이섀도'인 이유가 여기서 나오는데요. 모음 앞의 [ʃ]는 '샤, 섀, 셔, 셰, 쇼, 슈, 시' 중 하나로 적으라고 정해져 있어요. '시'에 'ㅏ, ㅑ, ㅓ, ㅕ, ㅗ, ㅜ'를 각각 더해 준 형태. '쉐'는 여기에 포함되지 않죠? 그래서 shadow의 'sha'의 발음과 가장 유사한 '섀'로 적는 것이랍니다.

자, 정리해 봅시다.

'sh[ʃ]'는 위치에 따라 표기 방법이 딱 정해져 있어요.

쉬림프 아니고 슈림프, 밀크쉐이크 아니고 밀크셰이크, 머쉬룸 아니고 머시룸.

공시생 슈림프 사건 말이야,
뒷이야기가 있어.
오, 뭔데?
쉬림프 피자
그때 대부분의 피자집에서
shrimp를 '쉬림프'로 썼다고 했잖아?
그런데….
슈림프 버거
특정 햄버거 브랜드에서만
'슈림프'라고 맞게 쓰고
있었던 거야.
피자보다 햄버거를 좋아했던
공시생이 이득 봤지, 뭐.

083 나를 향해 터지는 (플래쉬/플래시)

앞의 082를 읽고 나서 뭔가 빠진 느낌, 혹시 들었나요? 만약 그렇다면 당신은 눈치 빠른 사람. 자음과 모음 앞에 오는 [ʃ]의 표기법은 다뤘는데, 단어 맨 끝에 오는 [ʃ]의 표기법은 아직 설명하지 않았잖아요? 그것을 지금 여기에서 설명하려고요.

English, fish, flash처럼 'sh[ʃ]'가 끝에 있으면 대부분의 사람들이 '잉글리쉬, 피쉬, 플래쉬'처럼 '쉬'라고 적어요.• **그런데 외래어 표기법에는 단어 끝의 [ʃ]를 '시'로 적으라고 되어 있습니다. 그러니까 올바른 표기법은 '잉글리시, 피시, 플래시'인 거죠.** 스펠링 'sh'가 들어간 친구들이 살짝 까다롭죠? 예시 한두 개만 외우면 비슷한 단어에 적용할 수 있으니 너무 좌절하지는 마세요.

자, 정리해 봅시다.

단어 끝의 'sh [ʃ]'는 복잡한 '쉬' 아니고 '시'로 적으세요.

플래쉬 아니고 플래시, 잉글리쉬 아니고 잉글리시, 브러쉬 아니고 브러시.

• 외래어 표기법 제3장 제1절 제3항.

084 매력을 영어로 (쥬스/주스)라고 한대

과일이나 야채의 즙으로 만든 음료를 영어로 'juice'라고 하잖아요? 저도 팝송을 듣다가 알게 된 표현인데, 이 juice가 인간의 매력이라는 뜻으로 쓰이기도 한대요. 그러니까 'Blame it on my juice!'라는 문장은 '내 매력 탓이지 뭐~' 요런 뜻. 갑자기 영어 공부가 됐는데…. 아무튼 제가 하려던 말은요, juice를 한글로 쓸 때 어떻게 쓰는지였어요.

아마 'ㅠ'를 사용해서 '쥬스'라고 쓰는 친구들이 많을 거예요. 카페나 마트에서 '쥬스'로 표기하는 경우가 많기도 하고 '쥬스'가 뭔가 더 외국 발음(?) 같거든요. **하지만 올바른 표기는 '주스'랍니다**. 외래어 표기법에서는 'ㅈ, ㅊ'에 이중 모음을 쓰지 않거든요. 전부 단모음(ㅏ, ㅓ, ㅗ, ㅜ)을 사용한답니다.

왜냐하면 '자/저/조/주/차/처/초/추'가 '쟈/져/죠/쥬/챠/쳐/쵸/츄'와 발음이 거의 똑같기 때문이에요. 안 믿긴다고요? 지금 한번 '주'와 '쥬'를 빠르게 이어서 발음해 보세요. 주, 쥬, 주, 쥬, 주, 쥬…. 입과 혀 모양에 변화가 없죠? 발음상 차이가 별로 없으니까 단순하게 쓰자는 국립 국어원의 깊은 의도! 올바른 맞춤법으로 당신의 '주스'를 뽐내 보길.

CC 자, 정리해 봅시다.

외래어에서는 '쟈, 져, 죠, 쥬' 말고 단순하게 '자, 저, 조, 주'. 'ㅊ'도 똑같아요.

쥬스 아니고 주스, 텔레비젼 아니고 텔레비전, 스케쥴 아니고 스케줄.

085 너는 무슨 (케잌/케이크) 좋아해?

주스에 이어서 먹는 이야기 한 번 더 해 보겠습니다. 어째 예시가 죄다 먹는 거네. 뭔가 부끄럽네요. 그래도 꿋꿋하게 먹는 걸로 이어가 보면, 빵에 크림을 바른 디저트를 'cake'라고 하잖아요. 이 cake는 한글로 어떻게 표기할까요? 'ke' 부분을 받침이라고 생각해서 '케잌, 케익' 등으로 적는 사람이 많아요. 그러나 규범 표기는 **'케이크'랍니다**. 이번엔 어떤 조항 때문에 그런지 살펴봅시다.

외래어 표기법에서는 ① 자음 앞 또는 ② 2개 이상의 연속된 모음 뒤에 있는 어말(단어 끝)의 [p], [t], [k]는 모음 'ㅡ'와 함께 적으라고 되어 있어요. cake의 영어 발음은 [keɪk]인데, [eɪ]에서 모음이 2개 연속되고 어말에 [k]가 왔으니 ②의 기준에 맞죠.

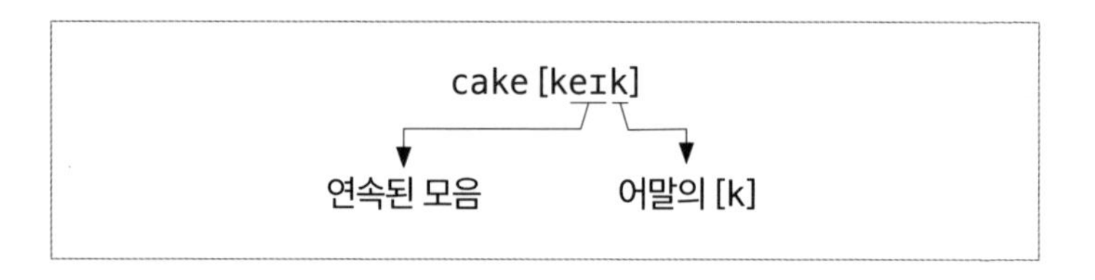

그래서 [k]에 해당하는 'ㅋ'을 받침으로 넣지 않고 'ㅡ'와 함

께 빼 주는 겁니다. 이건 우리가 skate를 '스케잍'이라고 적지 않고 '스케이트'라고 적는 것과 같은 원리예요. 짠, 이렇게 케이크라는 단어가 완성되었답니다! 앗, 뭔가 복잡하다고요? 그러면 그냥 결과물만 알아 두는 것부터 시작해 보세요. 난 선생님 역할이니까 이렇게 설명해 주는 거지, 여러분은 이 과정을 무리해서 기억해 둘 필요는 없어요.

CC 자, 정리해 봅시다.

이크, 에크, 케'이크'예요.

케잌 아니고 케이크, 메잌 아니고 메이크, 스케잍 아니고 스케이트, 웨잌 업 아니고 웨이크 업.

진짜 TMI긴
한데요.
저는 모 카페의 아이스박스
케이크를 제일 좋아합니다.
이크!
먹으면 맛있어서 '이크!'
소리가 절로 나오는 케이크예요.

086 돈을 줍다니, 완전히 (럭키/러키) 데이!

자, 여기까지 잘 따라온 친구들에게 선물을 줄게요. 아무도 상상하지 못했던 초고난도 외래어 표기입니다. 바로 행운의 기운을 뿜어내는 영어 단어, 'lucky'인데요. 이걸 한글로 어떻게 적는지 머릿속에 떠올려 보세요. '럭키'라고 생각하지 않았나요? 이렇게 운을 떼는 걸 보니 올바른 표기가 '럭키'는 아닌 거 같은데, 도대체 어떻게 써야 맞는지 감도 안 오죠? 그럴 만해요. 국어 강사였던 저도 얼마 전까지 "럭키 세븐! 난 럭키 걸이야" 등등 의식조차 하지 못하고 잘못된 표현을 사용해 왔으니까요.

lucky를 규범에 맞게 적으면 '러키'가 됩니다. lucky의 표준 발음이 ['lʌki]이기 때문에 이를 대조표에 따라 그대로 옮기면 '러키'가 되는 것이죠. 받침 'ㄱ'이 들어갈 틈이 없어요. 세상에서 가장 유명한 쥐 캐릭터 Mickey도 '믹키'가 아니라 '미키'잖아요? 그것과 같은 원리죠.

그런데 왜 한국인들은 자연스럽게 '럭키'를 쓰고 있는 것일까요? 추측하건대 LG 때문이 아닐까 싶어요. 무슨 소리냐고요? 어린 친구들은 모르겠지만 LG라는 우리나라 대기업의 설립 당시 이름이 '럭키 금성'이거든요. 이 회사 이름이 유명해지면서 '럭키'라는 표기가 대중에게 더 익숙했을 거예요. 럭키 금성이라는 이름이 역사 속으로 사라진 지도 약 30년이 되었으니 이제 '럭키'라는 잘못된 표기는 보내 줄 때가 되었네요.

자, 정리해 봅시다.

lucky에는 'ㄱ' 받침이 들어갈 틈이 없어요.

럭키 아니고 러키, 록키 산맥 아니고 로키 산맥.

2

이, 히, 이, 히의 세계

들어가기 전에

- 소개팅남이랑 더치 페이했어.
- 소개팅남이랑 깔끔히 더치 페이했어.

첫 번째 문장과 두 번째 문장의 기본적인 뜻은 같아요. 소개팅 나갔는데 각자 계산했다는 말이잖아요. 그런데 두 번째 문장에 '깔끔히'가 들어가면서 문장의 의미가 좀 더 명확하고 풍부해졌어요. '기분 나쁘지 않게 더치 페이로 잘 마무리했다, 하지만 다시 볼 일은 없을 것 같다' 이런 느낌? 이 '깔끔히'처럼 동사나 형용사, 문장 전체를 꾸며 주는 말을 '부사'라고 합니다. 부사 중에서도 '깨끗이, 멀쩡히, 샅샅이, 솔직히'처럼 '-이' 또는 '-히'로 끝나는 단어들은 맞춤법이 몹시 헷갈려요. 언제 '-이'를 쓰고 언제 '-히'를 쓰는지 발음만으로는 명확히 구별되지 않기 때문이죠. 그래서 이번 파트에서는 그런 부사 중에서도 자주 쓰이고 많이 틀리는 것들을 모아 '이/히' 특집으로 꾸며 봤어요.

본격적으로 단어들을 살피기 전에, 이 부분에 관한 맞춤법 규정•을 간단히 짚고 넘어갈게요. 이 부분은 단어부터 들이밀고 설명하는 것보다, 규정들을 미리 알아 두고 개별 예시를 볼 때 더 설명이 쉽거든요.

❶ 당신의 발음을 믿어라

명확히 '이'로 발음되는 것은 '이'로 쓰고, '히'로 발음되는 것은 '히'로 씁니다. 예를 들면 '많이'는 [마니]로 발음되기 때문에 '-이'로 쓰고, '특히'는 [트키]로 발음되기 때문에 '-히'로 쓰는 거예요. 그런데 단어 하나하나를 떠올리다 보면 '이'인지 '히'인지 발음조차 헷갈립니다. 깨끗이? 깨끗히? 곰곰이? 곰곰히? 머리가 터질 것 같은 괴로움에 빠지게 되죠. 걱정 마세요. 당신만 그런 게 아니라 모두들 그렇답니다. 도저히 모르겠을 땐, 다음 항목들을 차례대로 체크하면 돼요.

❷ '불삼겹'이면 '-이'를 붙여라

불삼겹엔 '-이'를 붙이세요. 불삼겹이 대체 뭐냐고요? 'ㅂ 불규칙 용언, ㅅ으로 끝나는 말, 겹겹이 쓰인 명사'를 조합해서 만든 암기법이에요.

• 한글 맞춤법 제6장 제51항.

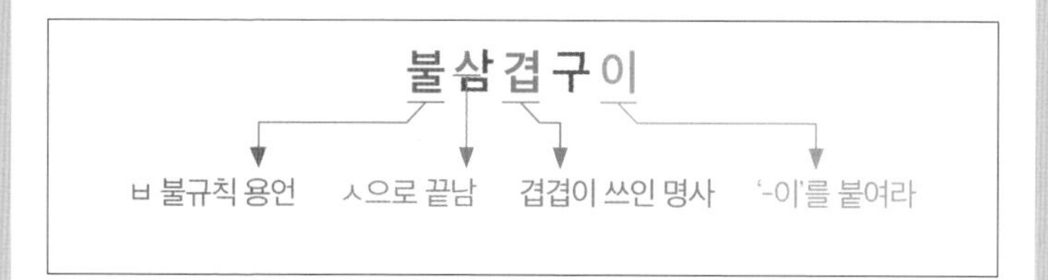

'가볍다, 부드럽다, 즐겁다'처럼 'ㅂ'으로 끝나면서 불규칙적으로 활용[●] 되는 어간, '깨끗'처럼 시옷(ㅅ)으로 끝나는 말, '겹겹'처럼 명사가 겹쳐 있는 형태 뒤에는 '-이'를 붙이면 됩니다. 앗, 뭔가 복잡하다고요? 벌써 지치진 마세요. 실생활에서 자주 사용하는 단어 몇 개만 주의하면 돼요. 그건 뒤에서 알려 줄 테니 책 덮지 말고 킵 고잉!

❸ '-하다'를 붙여 보고 말이 되면 '-히'를 붙여라

자, 마지막 체크리스트예요. '-하다'를 붙였을 때 찰떡같이 어울리면 '-히'를 붙이면 됩니다. 같은 히읗(ㅎ)을 쓰니까 기억하기 쉽죠? 그럼 '-하다'가 어울리지 않는 단어들은 어떻게 할까요? '-이'를 붙이면 되죠.

익숙이? 익숙히?	→	익숙하다 OK	→	익숙히!
꼼꼼이? 꼼꼼히?	→	꼼꼼하다 OK	→	꼼꼼히!
일일이? 일일히?	→	일일하다 NO	→	일일이!

여기까지 읽었을 때 여러분은 궁금증이 생기겠죠. '그럼 ❷, ❸의 조건이 겹치면 어떻게 하지…?' 아주 똑똑한 지적이에요. 두 조건이 겹치는 경우가 당연히 있거든요. 앞서 들었던 예시인 '깨끗'은 'ㅅ'으로 끝나는 불삼겹 중 하나면서도(❷), '-하다'가 찰떡같이 붙죠(❸). 이럴 땐 ❷번 조건을 우대해 주세요. 삼겹살은 항상 옳으니까!

여기까지 한번 슥 훑어 보았나요? 너무 어렵고 무슨 말인지 모르겠다고요? 자자, 스트레스 받지 말고 제 말을 들어 보세요. **여러분이 수능에서 <언어와 매체>를 선택**

● 규칙 용언과 비교했을 때 활용할 때마다 모양이 달라지는 동사, 형용사를 불규칙 용언이라 한다. 089(183쪽) 참고.

할 게 아니라면 위 조항들을 외울 필요는 없답니다. 심지어 이 규정에는 예외도 상당히 많아요. 그래서 미리 이걸 털고(?) 가자는 의미에서 먼저 규정을 나열했다는 거.

여러분은 앞으로 나올 단어를 체크하는 데에 더 집중해 주세요. 저는 여러분이 일상에서 재밌고 바르게 국어 생활을 하기 바라는 사람이지, 맞춤법 규정 때문에 스트레스 받는 건 원치 않거든요.

087 시간을 (헛되히/헛되이) 보내지 않게

슬기로운 국어 생활은 자신감에서 비롯된다! 여러분이 부사의 끝에 '-이'를 적어야 할지, '-히'를 적어야 할지 헷갈린다면 일단 본능에 귀를 기울여 보는 게 1단계. **발음할 때 소리가 어떻게 나는지에 따라서 '-이'와 '-히'를 적으면 됩니다**. '헛되다'를 부사형으로 만들어 읽어 보세요. 아마 [헏뙤히]로 어렵게 발음하는 친구는 거의 없을 거예요. 많은 사람들이 분명하게 [헏뙤이]라고 읽기 때문에 '헛되이'가 규범 표기인 겁니다. '급히'도 [그비]라고 하지 않고 [그피]라고 하기 때문에 '급이'가 아니라 '급히'인 거고요. 그런데 문제는 발음 자체가 '이'인지 '히'인지 분간이 안 된다는 거지. 그럴 때 다음 장들에 나올 내용들이 도움이 될 거예요. 멈추지 마!

자, 정리해 봅시다.

일단 당신의 혓바닥을 믿어 보아요.

헛되히 아니고 헛되이, 섭섭이 아니고 섭섭히, 분명이 아니고 분명히.

088 한 그릇 (깨끗히/깨끗이) 뚝딱!

이 부분을 교과서에서 다룰 때마다 시험에 빠지지 않는 단어가 있어요. 바로 '깨끗이'! '깨끗하다[깨끄타다]'라는 형용사가 있으니 비슷한 형태일 것이라고 생각해서 '깨끗히'로 잘못 적을 수도 있지만, **'깨끗이'는 '-이'가 붙어야 합니다**. 앞서 알려 준 불삼겹의 'ㅅ'을 담당하고 있거든요. 어간이 **'ㅅ'으로 끝나면 '-이'를 붙인다고 한 규정, 기억나죠?** 말할 때도 [깨끄시]로 발음해 주세요.

자, 정리해 봅시다.

부사어를 만들 때, 'ㅅ' 받침 뒤에는 '-이'를 붙여요.

깨끗히 아니고 깨끗이, 따뜻히 아니고 따뜻이, 버젓히 아니고 버젓이.

089 부족한 점은 (너그러히/너그러이) 용서하세요

너그럽다, 가볍다, 괴롭다, 외롭다…. 이 단어들의 공통점은? 바로 어간이 'ㅂ' 받침으로 끝난다는 점, 그리고 활용할 때 불규칙적으로 활용된다는 점이에요. "불규칙적으로 활용된다는 게 뭐냐!"라고 물으신다면 대답해 드리는 게 인지상정. 규칙적인 친구들이랑 비교를 해 볼게요.

- 규칙 용언: 먹다 - 먹으니 - 먹고 - 먹어 ('먹'이 그대로 살아 있음)
- 불규칙 용언: 가볍다 - 가벼우니 - 가볍고 - 가벼워 ('가볍'의 'ㅂ'이 불규칙적으로 'ㅜ'로 바뀔 때도 있음)

여러 가지 형태로 활용할 때 차이가 확연히 나죠? 규칙 용언들은 어떻게 해도 형태가 살아 있는데, 불규칙 용언들은 어떨 때는 다른 형태로 바뀌어요. **이런 불규칙 용언에는 종류가 몇 개 있는데, 그중에서도 'ㅂ' 받침을 가진 것들을 묶어서 'ㅂ 불규칙 용언'이라고 한답니다.**

이런 애들한텐 '-이'를 붙여서 부사를 만들어요. 예를 들면

'외로이'를 [외로히]로 읽지 않고, '기꺼이'를 [기꺼히]라고 읽지 않잖아요? 애써 의식하지 않아도 이미 자연스럽게 사용하고 있었던 거예요! 우리는 생각보다 규범 언어를 잘 사용하고 있어요.

자, 정리해 봅시다.

부사어를 만들 때, ㅂ 불규칙 용언에는 '-이'를 사용해요.

너그러히 아니고 너그러이, 괴로히 아니고 괴로이, 새로히 아니고 새로이.

090 (나날히/나날이) 발전하는 나예요

'매일매일'을 세 글자로 줄이면 뭘까요? 엇, '날마다'라고요? 똑똑한데…? 그러나 제가 의도한 답은 '나날이'입니다. '하루'를 뜻하는 '날'이라는 단어를 두 번 반복하고, 발음하기 편하게 'ㄹ' 하나가 탈락해 만들어진 이 단어는 뒤에 '-히'가 붙지 않고 '-이'가 붙어 부사가 되었습니다.

이처럼 같은 명사가 겹쳐져 만들어진 부사들의 끝 글자는 발음을 '이'로 하는 경향성이 있어요. 그래서 쓸 때도 '-이'로 쓰는 것이죠. '나날이' 말고도 '다달이', '낱낱이', '겹겹이', '짬짬이' 등이 앞서 말했던 암기법, 불삼겹의 '겹(겹겹이 쓰인 명사)'에 해당하는 단어들이에요.

자, 정리해 봅시다.

겹겹이 반복된 명사 뒤에는 '-이'를 붙여요.

나날히 아니고 나날이, 다달히 아니고 다달이, 날날히 아니고 낱낱이, 번번히 아니고 번번이.

091 (곰곰히/곰곰이) 생각해서 (일일히/일일이) 말해 줘

앞서 설명한 명사가 반복되는 경우와는 다르지만, 결과는 비슷한 단어들을 소개할게요. 바로 '곰곰이'와 '일일이'인데요, 언뜻 보면 명사가 겹쳐 쓰인 형태라서 '-이'를 쓴다고 생각할 수도 있겠지만, '곰곰'과 '일일'은 명사가 아니라 또 다른 부사예요. '곰곰'은 생각하는 모양, '일일'은 매일매일을 뜻하죠. 여기에 부사적 의미를 강조하기 위해 한발 더 나가서 기어이(!) 세 글자를 만들었다고 생각하면 돼요. **이렇게 부사에 뭔가를 붙여서 또 다른 부사를 만들 때도 '-이'를 씁니다**. 다른 예시로는 부사 '더욱'의 뜻을 강조한 '더욱이', '일찍'의 뜻을 강조한 '일찍이'를 들 수 있겠네요. 이런 단어들은 자기소개서나 지원서 등에도 자주 쓰이는 만큼 지금 잘 알아 두면 좋겠죠?

자, 정리해 봅시다.

부사에 한 글자 더할 때는 '-이'를 써 주세요.

곰곰히 아니고 곰곰이, 일일히 아니고 일일이, 더욱히 아니고 더욱이, 일찍히 아니고 일찍이.

092 걔는 (묵묵이/묵묵히) 잘 참더라

앗, 얘도 같은 단어가 반복됐다! 이럴 땐 불삼겹인지 의심해 보는 자세, 아주 좋아요. 하지만 얘도 '곰곰이'나 '일일이'처럼 불삼겹(겹겹이 쓰인 명사)에 해당하지 않습니다. '묵'이 명사가 아니거든요. 여기서의 '묵묵'은 동사 '묵묵하다'의 어근이에요. **어쩐지 '묵묵'에 '-하다'를 붙이니까 찰떡같이 붙죠. 이럴 땐 뭐다? '-하다'의 히읗(ㅎ)을 살려서 '-히'로 적는다. 그래서 '묵묵히'가 맞춤법에 맞는 표기랍니다**. 이런 이런, 페이크에 당할 뻔했네요. 사실 여기까지 생각을 못했더라도, 여러분이 '묵묵히'를 평소에 어떻게 발음하는지만 살펴보면 맞춤법에 맞게 적을 수 있을 거예요. [묵무기]는 어딘가 맹숭맹숭하고, [묵묵키]가 맞는 발음이니까요.

자, 정리해 봅시다.

'-하다'를 붙여서 찰떡이면 '-히'로 적으세요.

묵묵이 아니고 묵묵히, 답답이 아니고 답답히, 급이 아니고 급히, 정확이 아니고 정확히.

093 마음 (깊숙히/깊숙이) 박힌 대못

그럼 '깊숙하다'의 어근으로 만든 부사어는 어떻게 적을까요? 앞서 배운 걸 적용하자면, '-하다'가 딱 붙으면 '-히'로 적으라고 했으니 '깊숙히'가 맞지 않을까, 생각할 거예요. 하지만 한글 맞춤법은 그렇게 호락호락하지 않지. **'깊숙이'가 규범 표기입니다. 'ㄱ' 받침으로 끝나는 고유어 뒤에는 '-하다'가 어울리더라도 '-이'를 쓰거든요.** 이걸 읽는 여러분의 반응이 예상되네요. 지끈대는 이마를 짚지 않았는지…. 왜냐면 제가 예전에 이 부분을 공부할 때 그랬거든요. 이 부사에 관련된 맞춤법 조항들은 예외도 많고, 일관성이 없어서 성질을 살짝 돋우는 면이 있습니다. 그래서 자주 쓰이는 단어는 그냥 외워 두는 게 속 편하더라고요.

자, 정리해 봅시다.

'-하다'를 붙여서 찰떡이더라도 'ㄱ'으로 끝나면 의심해 보기. 고유어면 '-이'를 쓰세요.

깊숙히 아니고 깊숙이, 멀찍히 아니고 멀찍이, 끔찍히 아니고 끔찍이, 촉촉히 아니고 촉촉이.

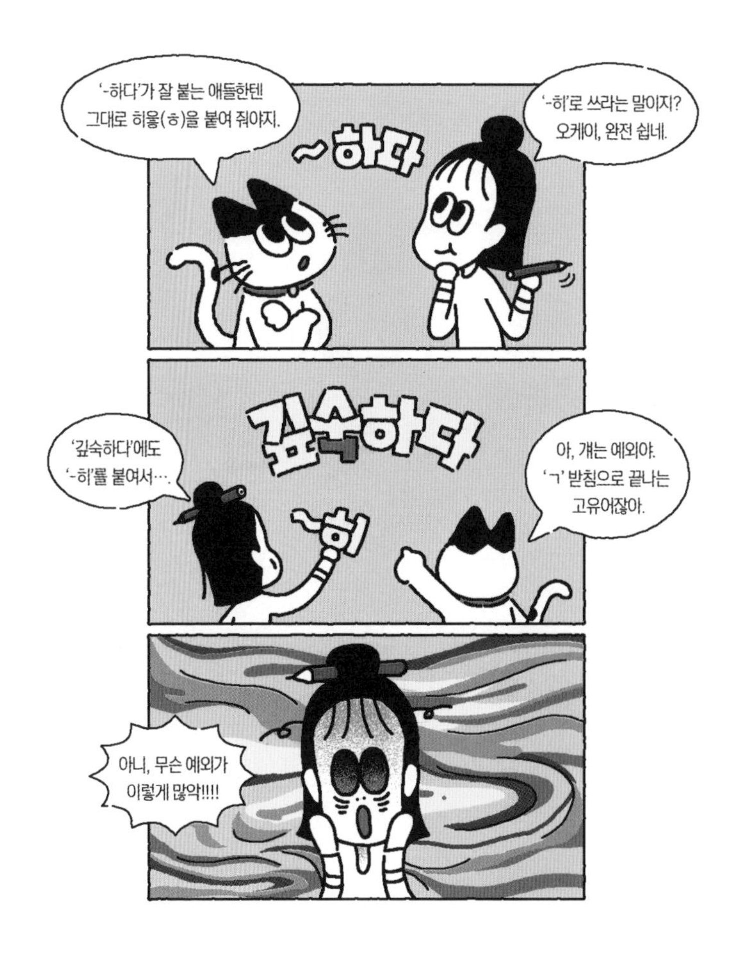
'-하다'가 잘 붙는 애들한텐 그대로 히읗(ㅎ)을 붙여 줘야지.
'-히'로 쓰라는 말이지? 오케이, 완전 쉽네.
~하다
깊숙하다
'깊숙하다'에도 '-히'를 붙여서….
~히
아, 걔는 예외야. 'ㄱ' 받침으로 끝나는 고유어잖아.
아니, 무슨 예외가 이렇게 많악!!!!

3

율, 률, 율, 률의 세계

094 이번 모고 성적, (백분률/백분율)은?

일상에서 명사에 '율/률'이 포함된 단어들을 많이 접할 수 있어요. 특히 뉴스에서 '달성률, 성취율, 비율, 확률' 이런 머리 아픈 단어들을 매일 이야기하잖아요? 그런데 이 '율/률'이란 글자가 律, 率, 慄• 등의 한자라서 음이 여러 개•예요. 그래서 어떤 환경에서 쓰이는지에 따라서 다른 소리로 나타나게 되는 거죠. 마치 제가 집 안에서는 관종인데 집 밖에서는 조용한 인간인 것처럼요.

100명으로 줄 세웠을 때 내 성적의 순위를 알 수 있는 수치는 '백분율'일까요, '백분률'일까요? 정답을 발표하기 전에 원칙을 알려드릴게요.

받침이 있는 말(ㄴ 제외) + 률
받침이 없는 말 또는 'ㄴ' 받침 + 율

- 순서대로 '규칙, 비율, 떨림'의 뜻을 더한다.
- 표음문자인 한글과는 다르게 표의문자인 한자는 같은 글자라도 여러 가지 소리를 가지는 경우가 많다.

이처럼 앞말의 받침에 따라 '율/률' 쓰임이 나뉜답니다. 받침이 있는 말 뒤에는 '-률'을 쓰고 받침이 없는 말이나 'ㄴ' 받침 뒤에는 '-율'을 써요. 왜 그러냐고요? 사람들이 많이 발음하는 방식대로 조항을 정한 거예요. 받침 있는 말 뒤에는 '-률'로 발음하고, 받침 없는 말이나 'ㄴ' 받침 뒤에선 '-율'로 발음하는 경향이 강하다고 해요. 원래 맞춤법과 표준어란 게 '교양 있는 사람들'이 '두루 쓰는' 쪽으로 따라가거든요. 그러니까 우리도 모르게 스스로 맞춤법을 만들었다고 해도 될 정도예요.

'백분'은 'ㄴ' 받침이 있으니까 '백분율'로 쓰면 되겠죠. 이렇게 보니까 그동안 헷갈렸다는 사실이 억울하리만치 엄청 간단한데요. 경험상 이게 나중에는 엄청나게 헷갈리더라고요. 그래서 딱 정해드릴게요. 여러분은 확실한 단어 3개만 머릿속에 떠올리면 돼요. **비율, 운율, 확률!**

'비율'을 보고 받침이 없을 땐 '-율'을 쓴다는 점을 알아내고, '운율'을 보고 'ㄴ' 받침에도 '-율'을 쓴다는 점을 알아내면 되겠죠. 또 '확률'을 떠올려서 받침이 있으면('ㄴ' 제외) '-률'을 쓴다는 것까지! 이처럼 확실한 단어 3개를 알아 두고, 같은 규칙을 다른 단어에 적용하는 스킬을 추천합니다.

자, 정리해 봅시다.

'ㄴ' 받침 뒤에는 '-율'을 쓰세요. 헷갈리면 '운율'이란 단어를 떠올리세요!

백분률 아니고 백분율, 할인률 아니고 할인율, 환률 아니고 환율.

095 (실패률/실패율)은 신경 쓰지 마

앞서 공부한 내용을 다른 단어에 적용해 보자고요. 일이 잘못될 비율을 이야기하는 단어는 뭘까요? '실패율'과 '실패률' 중에 골라 봅시다.

'실패'의 끝 글자에 받침이 있는지 없는지만 살피면 되겠죠. 어라, 받침이 없네? 그럼 '-율'을 쓴다고 했으니 '실패율'이 규범 표기겠네요. 아직 좀 헷갈린다, 싶으면 앞에서 알려 준 대로 확실한 세 단어에서 유추하면 됩니다. 비율, 운율, 확률 중에 이 '실패'와 비슷한 경우는 받침이 없는 '비율'이겠네요. 그래서 '비율'처럼 '-율'을 갖다 붙이면 착! 붙! 아휴, 쉽다 쉬워. 이걸 그동안 왜 그렇게 헷갈려 했는지 몰라요.

자, 정리해 봅시다.

받침이 없는 말 뒤에는 '-율'을 쓰세요. 헷갈리면 '비율'이란 단어를 떠올리세요!

실패률 아니고 실패율, 증가률 아니고 증가율, 판매률 아니고 판매율.

096 이 정도 (합격율/합격률)이면 할 만한데?

자, 율률의 마지막을 장식할 퀴즈 나갑니다! '합격할 확률'을 세 글자로 줄이면 '합격율'일까요, '합격률'일까요?

여러분이 생각한 대로 정답은 '합격률'이죠. '합격'에는 끝 글자에 'ㄱ'이라는 받침이 들어가 있으니 '-률'을 붙이면 되겠습니다. 헷갈리면 또 비율, 운율, 확률 세 단어만 떠올리는 꼼수를 쓰면 돼요. '합격'은 '확률'의 '확'처럼 받침으로 끝나니 '-률'을 조합하면 되겠네요. 짝짝짝, 참 잘했어요. 아, 쉽다 쉬워! 여러분은 이제 율, 률 마스터입니다.

자, 정리해 봅시다.

받침이 있는 말 뒤에는 '-률'을 쓰세요. 헷갈리면 '확률'을 떠올리세요!

합격율 아니고 합격률, 달성율 아니고 달성률, 증감율 아니고 증감률.

'율, 률'의 규칙은
'열, 렬'에도 적용돼요.
예를 들면, 받침이 없어서
'열'을 쓰는 '우열'!
우열
'ㄴ' 받침이라
'열'을 쓰는 '분열'!
우열 분열
받침이 있어서
'렬'을 쓰는 '졸렬!'
졸렬

4

한 끗 차이로 다른 띄어쓰기

097 | 한번과 한 번

사용된 자음과 모음, 그리고 글자 수까지 모든 게 같은데 진짜 딱 '띄어쓰기' 하나만으로 의미가 달라지는 세트들이 있어요. 여러분은 '한번'과 '한 번'의 차이를 아나요? 이 친구들의 차이라고는 '한'과 '번' 사이에 1바이트(byte)짜리 공백 하나뿐인데, 이게 어떤 뜻의 차이를 만든다는 걸까요?

먼저 띄어쓰기가 있는 '한 번'은 1회라는 뜻. 횟수를 셀 때 '한 번, 두 번, 세 번…'하고 세잖아요? 숫자 1을 나타내는 '한'과 단위를 나타내는 '번'이 각각 의미를 가지고 있으니 띄어쓰기를 해 주는 것이죠. 그런데 띄어쓰기가 없는 '한번'은 '일단, 시험 삼아, 기회 될 때'라는 의미를 가지면서 주로 강조할 때 쓰여요. "어디 한번 먹어 볼까?", "언제 한번 얼굴 보자" 등 일상에서도 많이 쓰는 표현이죠?

이 둘을 문장 속에서 간단히 구별하는 법은 '한'을 다른 숫자로 바꿔 보는 거예요. 만약 '두 번, 세 번, 네 번' 등으로 바꿔 썼을 때도 의미가 통하면 띄어쓰기를 살리고, 어색해진다면 띄어쓰기 공백을 없애 버리면 됩니다.

자, 비교해 봅시다.

한 번	1회
한번	시도, 기회, 강조의 의미를 더함

기회는 한 번이지만, 일단 한번 해 봐.

이런 형태는 '한잔'과
'한 잔'에도 적용할 수 있어.
오, 그래?
'커피 한잔 하자'라고 할 때
'한잔'은 진짜 '한 잔'만은 아니지.
커피 한 잔은
진짜 컵 하나의 양을
의미하는 거라면,
그래, 섭섭하게
어떻게 커피 한 잔만 먹어.
케이크도 먹어야지.

098 | 한지와 한 지

다음은 '한지'와 '한 지'입니다. 먼저 아래 예시를 봐 주세요.

- 걔 어떻게 공부한지 아니?
- 공부한 지 너무 오래 됐어.

위의 띄어쓰기 없는 '한지'는 '하다'라는 동사의 어간 '하-'에 연결 어미 '-ㄴ지'가 붙은 형태고요, 아래의 띄어쓰기 있는 '한 지'는 동사 '하다'의 활용형 '한'에 의존 명사 '지'가 붙은 형태예요. 이 친구들은 모양은 비슷해도 근본(?)이 다른 것이죠. 연결 어미는 앞말에 붙여 쓰고, 의존 명사는 앞말과 띄어 쓰는 게 원칙! 연결 어미 '-ㄴ지'는 어떤 의문이 있을 때 쓰고, 의존 명사 '지'는 '기간, 동안'을 나타내는 명사니까 문맥에 따라서 띄어쓰기를 하면 됩니다.

아, 여기서는 '한지'와 '한 지'로 예를 들었지만, 이 세트는 '먹는지/먹는 지, 일어난지/일어난 지, 깨끗한지/깨끗한 지' 등 다양한 동사 및 형용사에 적용될 수 있어요. 오늘부터 부지런히 써먹으세요.

자, 비교해 봅시다.

-ㄴ지	막연한 의문을 나타내는 연결 어미
지	기간, 동안을 나타내는 의존 명사

언제 친구를 만났는지 기억이 안 나지만 아무튼 만난 지 오래 됐어.

099 | 안되다와 안 되다

'안되다'와 '안 되다'도 띄어쓰기에 따라 쓰이는 문맥이 달라요. '안되다'는 본인만의 뜻을 가지고 있는 형용사인 한 단어고, '안 되다'는 부사 '아니'가 '되다'를 부정하고 있는 거거든요. 그럼 '안되다'는 어떻게 쓰이는지 살펴볼까요?

- 올해는 다이어트가 잘 안되네. (일이 좋게 풀리지 않다)
- 혹시 내가 안되기를 바라는 거야? (사람이 훌륭하게 되지 못하다)
- 주인을 잃은 강아지야. 참 안됐다. (안쓰럽다)

그러니까 '안되다'는 뭔가 일이 실패하고, 좋지 않은 복합적인 상황을 표현하는 단어군요. 그럼 '안 되다'는 어떻게 쓸까요?

- 나 혼자 힘으로 숙제가 안 돼. ('되다'의 부정)
- 그런 짓을 하면 안 됩니다. ('되다'의 부정)
- 걔가 아직 10살이 안 됐어? ('되다'의 부정)

상태가 이루어지지 않았다는 부정의 뜻을 나타낼 때 쓰죠. 이게 은근히 헷갈린단 말입니다. 그럴 땐 헷갈리는 자리에 '되지 않다'를 넣어서 의미가 유지되는지 살피면 돼요. 사실 '되지 않다'와 '안 되다'는 같은 뜻이거든요. 만약 '되지 않다'를 넣었을 때 의미가 그대로라면, 띄어서 쓰는 '안 되다'로 적으면 되는 거죠. 반면 바꾸고 나서 뜻이 달라졌다면 형용사 '안되다'가 들어갈 자리였으니 '안되다'를 앉히면 됩니다.

강아지가 참 (안됐다/안 됐다)	→	되지 않았다? NO	→	강아지가 참 안됐다!
공부가 (안된다/안 된다)	→	되지 않는다? NO	→	공부가 안된다!
합격이 (안된다/안 된다)	→	되지 않는다? YES	→	합격이 안 된다!
아직 시간이 (안됐다/안 됐다)	→	되지 않았다? YES	→	아직 시간이 안 됐다!

자, 비교해 봅시다.

안되다	일이 잘 풀리지 않는 상태, 안쓰러움 등의 뜻을 가진 형용사
안 되다	'되다'의 부정 표현

합격이 안 돼서 울고 있는 학생, 참 안됐네.

비슷한 케이스로 '못되다'와
'못 되다'도 있어요!
못되다
vs
못 되다
못된 애
'못되다'는
성질이 고약한 사람한테
쓰는 말이에요.
'못 되다'는 '되다'의 부정,
즉 '되지 못하다'를 의미합니다.
못 되다
오늘의 MVP
성격이 못된 사람은
좋은 친구가 못 되겠죠?

100 | 함께하다와 함께 하다

저는 '함께'라는 단어를 좋아합니다. 이 단어를 떠올리는 것만으로도 마음이 몰캉몰캉해져요. 누군가와 같은 공간에서 같은 목표를 바라보며 같은 행위를 한다는 것 자체가 가슴을 따뜻하게 만들지 않나요? 그런데 또 막상 혼자 있는 시간을 더 즐거워하는 변덕쟁이…. 그게 바로 접니다.

아무튼, 이 '함께'와 관련된 표현 중에서도 띄어쓰기에 따라 뜻이 미묘하게 다른 세트가 있어요. '함께하다'와 '함께 하다'인데요.

- 너와 함께한 시간
- 너와 함께 한 시간

첫 번째 문장은 '함께하다'를 붙여서 하나의 단어로 썼군요. 이건 하나의 단어로 굳어졌단 뜻이에요. 두 번째 문장은 '함께 하다'로 띄어서 사용했는데, 이는 '함께'라는 단어가 '하다'라는 또 다른 단어를 꾸며 주고 있는 경우입니다. 어찌 보면 '똑같은 뜻 아니야?'라고 생각할 수도 있는데, 미묘한 의미 차이가 있어서 각각 사용되는 맥락이 달라요.

띄어쓰기가 없는 '함께하다'가 좀 더 애틋(?)합니다. 무슨 말이냐고요? '함께 하다'가 구체적인 행위, 그러니까 공부나 여행, 운동 등을 물리적으로 같이 한 것을 의미한다면, '함께하다'는 고난, 역경, 삶, 결혼, 연애 기간 등등 좀 더 추상적인 경험을 공유하는 것을 의미하거든요. '너와 함께한 시간'이라고 하면 우리의 희로애락이 파노라마처럼 스쳐 지나갈 것이고, '너와 함께 한 시간'이라고 하면 단순히 같이 있었던 물리적인 시간이 떠오르는 거죠.

이 의미 차이가 어렵게 느껴지나요? 하긴, 약간의 감성을 필요로 하는 거라 쉽지는 않죠. 그럴 때는 방법이 있어요. '함께'와 '하다' 사이에 공부, 여행, 운동 등 구체적인 행위를 집어넣어 보는 거예요. '함께 공부하다, 함께 여행하다, 함께 운동하다' 등으로 단어의 순서를 바꾸었을 때 어색하지 않으면 구체적인 행위를 의미하는 '함께 하다'로 띄어 쓰고, 뭔가 어색하고 감성이 파괴된 느낌이면 '함께하다'로 붙여 쓰면 됩니다!

자, 비교해 봅시다.

함께하다	뜻이나 행동, 시간을 공유하다
함께 하다	구체적인 행위를 같이 하다

지금까지 함께해 줘서 고마워요. 우리 함께 한 맞춤법 공부, 기억해 주세요!

[부록] 찾아보기

가르치다/가리키다 132
꺼/거 44
껄/걸 45
겉잡다/걷잡다 84
께요/게요 46
결제/결재 151
곰곰히/곰곰이 186
구지/굳이 112
권투/건투 111
그세/그새 76
금새/금세 75
깊숙히/깊숙이 188
깨끗히/깨끗이 182
꼽다/꽂다 146
나날히/나날이 185
남량/납량 78
낳아/나아 104
내노라하다/내로라하다 98
녜/냬 36
너그러히/너그러이 183
다르다/틀리다 130
데/대 38, 39
데로/대로 41
던/든 47, 48
돌맹이/돌멩이 119
돼/되 13
뒤쳐지다/뒤처지다 92
들리다/들르다 29
럭키/러키 175
로서/로써 88, 90
ㅁ 받침/ ㄻ 받침 64
맞히다/맞추다 127
매다/메다 124
메세지/메시지 160
몇 일/며칠 26
묵묵이/묵묵히 187
바껴/바뀌어 25
바래다/바라다 80
받아드리다/받아들이다 61
백분률/백분율 191
벌이다/벌리다 110
베게/베개 116
뵈/봬 20
부수다/부시다 140
불구하다/불고하다 73
빌어/빌려 72
사겨/사귀어 24
삼가하다/삼가다 68
설레이다/설레다 22
소개시키다/소개하다 18
숲으로 돌아가다/수포로 돌아가다 108
쉬림프/슈림프 166

실패률/실패율 194
아구찜/아귀찜 114
아니예요/아니에요 34
아이섀도우/아이섀도 164
안되다/안 되다 203
않/안 16
알맞는/알맞은 94
애들/얘들 144
어떻게/어떡해 137
어의/어이 102
에/의 55
에요/예요 31
역활/역할 100
염두하다/염두에 누다 70
오랜동안/오랫동안 63
오랫만에/오랜만에 62
왠만하면/웬만하면 60
왠일/웬일 57
웬지/왠지 58
웃옷/윗옷 148
이따가/있다가 142
일일히/일일이 186
잠궈/잠가 52
조취/조치 106
쥬스/주스 170
짜집기/짜깁기 77
쫒아/좇아 96
쭈꾸미/주꾸미 86
찌게/찌개 118
칠칠맞다/칠칠맞지 못하다 54
케잌/케이크 172
콜라보레이션/컬래버레이션 162
파토/파투 66
플래쉬/플래시 169
피다/피우다 50
한번/한 번 198
한지/한 지 201
함께하다/함께 하다 206
합격율/합격률 195
헛되히/헛되이 181
헤매다/헤매이다/헤메다/헤메이다 121
화이팅/파이팅 158
회손/훼손 105
희안하다/희한하다 82
2틀/이틀 27

[부록] 국제 음성 기호와 한글 대조표

자음			반모음		모음	
국제 음성 기호	한글		국제 음성 기호	한글	국제 음성 기호	한글
	모음 앞	자음 앞 또는 어말				
p	ㅍ	ㅂ, 프	j	이*	i	이
b	ㅂ	브	ɥ	위	y	위
t	ㅌ	ㅅ, 트	w	오, 우*	e	에
d	ㄷ	드			ø	외
k	ㅋ	ㄱ, 크			ɛ	에
g	ㄱ	그			ɛ̃	앵
f	ㅍ	프			œ	외
v	ㅂ	브			œ̃	욍
θ	ㅅ	스			æ	애
ð	ㄷ	드			a	아
s	ㅅ	스			ɑ	아
z	ㅈ	즈			ɑ̃	앙
ʃ	시	슈, 시			ʌ	어
ʒ	ㅈ	지			ɔ	오
ts	ㅊ	츠			ɔ̃	옹
dz	ㅈ	즈			o	오
ʧ	ㅊ	치			u	우
ʤ	ㅈ	지			ə**	어
m	ㅁ	ㅁ			ɚ	어
n	ㄴ	ㄴ				
n	니*	뉴				
ɲ	ㅇ	ㅇ				
ŋ	ㄹ, ㄹㄹ	ㄹ				
l	ㄹ	르				
r	ㅎ	흐				
h	ㅎ	히				
h	ㅎ	흐				
x						

* [j], [w]의 '이'와 '오, 우', 그리고 [ɲ]의 '니'는 모음과 결합할 때 제3장 표기 세칙에 따른다.

** 독일어의 경우에는 '에', 프랑스어의 경우에는 '으'로 적는다.

맞춤법에 진심인 편

초판 1쇄 발행 2024년 4월 17일
초판 6쇄 발행 2024년 11월 15일

지은이 차민진
그린이 이혜원
펴낸이 홍석
이사 홍성우
인문편집부장 박월
책임 편집 박주혜
편집 조준태
디자인 이혜원
마케팅 이송희, 김민경
제작 홍보람
관리 최우리, 정원경, 조영행

펴낸곳 도서출판 풀빛
등록 1979년 3월 6일 제2021-000055호
주소 07547 서울특별시 강서구 양천로 583 우림블루나인 A동 21층 2110호
전화 02-363-5995(영업), 02-364-0844(편집)
팩스 070-4275-0445
홈페이지 www.pulbit.co.kr
전자우편 inmun@pulbit.co.kr

ISBN 979-11-6172-915-2(43700)